Ángeles y sueños

Ángeles y sueños

DOREEN VIRTUE & MELISSA VIRTUE

Grupo Editorial Tomo, S. A. de C. V.
Nicolás San Juan 1043
03100 México, D. F.

1a. edición, octubre 2014.

© *Angel Dreams*
Copyright © 2014 por Doreen Virtue y Melissa Virtue
Publicación original en inglés 2014 por
Hay House Inc., U.S.A.

© 2014, Grupo Editorial Tomo, S. A. de C. V.
Nicolás San Juan 1043, Col. Del Valle
03100 México, D. F.
Tels. 5575-6615, 5575-8701 y 5575-0186
Fax. 5575-6695
www.grupotomo.com.mx
ISBN-13: 978-607-415-692-8
Miembro de la Cámara Nacional
de la Industria Editorial No. 2961

Traducción: Mayca Wallace
Diseño de portada: Karla Silva
Formación tipográfica: Marco A. Garibay
Supervisor de producción: Leonardo Figueroa

Al arcángel Miguel,
Quien nos cuida a todos mientras dormimos.
—Doreen

A Grant, el sueño de mi corazón.
—Melissa

Índice

Introducción

✦⋆✦⋆✦⋆✦⋆✦⋆✦

Los sueños son las puertas a otros mundos, tiempos y planos de la existencia, son espacios sagrados en los que recibimos mensajes enviados por la Fuente. Cuando dormimos, nuestra mente consciente se aleja para que estemos más abiertos a esta información. Por lo tanto, en los sueños, nos permitimos ser conductos de la curación, la comprensión y el crecimiento que necesitamos. Cuando expandimos nuestra comprensión de nuestros sueños, recibimos guía de la Fuente sobre cómo lograr nuestro mejor bien y potencial.

Un poco de la historia de los sueños

Los sueños se han estudiado y reverenciado por miles de años. Los pueblos antiguos construían templos para usarlos específicamente en ceremonias relacionadas con los sueños; hacían rituales, como danzas y cantos, para prepararse para soñar.

Los sueños también se usaban como oráculos en culturas de la antigüedad. Un sueño profético manifestaba importante información de sobrevivencia u otros mensajes para la comunidad.

Entre las culturas en todo el mundo era común que el sueño fuera visto como algo sagrado, se consideraba una forma de arte sagrado, un regalo de la Gran Divinidad. Los pueblos antiguos sabían que los mensajes de los sueños que recibían pretendían servir a su mejor bien. También reconocían que cada persona tiene un guía de los sueños (un ser del que aprenderás más en el Capítulo 1).

Sobre este libro

Entregados por un guía de los sueños y con frecuencia por ángeles, los mensajes de la Fuente pueden ser simbólicos en naturaleza. Hay varios tipos de sueños, y cada uno ofrece oportunidades de hacer conciencia, curación y crecimiento. Sin embargo, el objetivo de este libro es compartir y aprender sobre los sueños que involucran a los ángeles, por lo tanto, cubriremos solo los sueños básicos, como los sueños con volar, curativos y sueños que involucran a seres amados y animales difuntos.

Le pedimos a los lectores que nos enviaran sus historias de encuentros celestiales. Aunque los sueños son personales y cada uno es único, elegimos algunos de los que representan mejor los tipos básicos de sueños de ángeles. Esperamos que tú, al igual que nosotras, te inspires para abrirte a recibir la guía de estos mensajeros Divinos en tus sueños.

Este libro se divide en dos partes, la parte I contiene información introductoria a las guías de sueños, así como técnicas para recordar y crear sueños. La parte II explora el significado de los símbolos comunes de los sueños y contiene explicaciones sobre los diversos tipos de sueños. Esta parte también incluye ejemplos de cada tipo de sueño y sus interpretaciones generales. (Dar una interpretación detallada requeriría más páginas de las que tenemos aquí, así como una plática con quien los sueña).

Con *Ángeles y sueños* te invitamos a viajar al umbral del tiempo de los sueños, un reino sagrado que puede involucrar ambientes pasados, presentes y futuros.

¡Sean bienvenidos al mundo mágico de los sueños!

Doreen y Melissa

Parte 1

★✦✪✦★✪✦✦★✦★

Sobre ángeles
y sueños

Capítulo uno
Entendiendo las bases

✳❇✳❇✳✳❇✳✳❇✳❇✳

Aunque las reglas comunes no aplican en el mundo de los sueños, a través de la experiencia, el estudio y las entrevistas a cientos de personas de todo el mundo, hemos descubierto ciertos parámetros comunes. Puede resultar útil pensar en la mayoría de estas estructuras como flexibles, elásticas como ligas, y abiertas a la interpretación personal. A medida que comenzamos a entender y trabajar con ellas, podemos aprender cómo expandirlas y cambiarlas.

En este capítulo exploraremos algunos mitos sobre los sueños y la forma de interpretarlos. También explicaremos algunos factores comunes de los sueños, de dónde vienen en realidad las imágenes y cómo nuestros guías y ángeles entran en todo esto.

LA FORMA EN QUE SOÑAMOS

Tal vez te sorprenda saber que todos soñamos todas las noches. Sin embargo, uno de los problemas más comunes es que al despertar, olvidamos todo. Una razón es que normalmente nos sentimos estresados o abrumados. O tal vez ponemos una alarma chillante que nos despierta sobresaltados y entonces nuestro cuerpo de los sueños "salta" de nuevo a nuestro cuerpo físico, alejando nuestros recuerdos. Aprender a descifrar los mensajes de tus sueños es una forma de ayudarte a recordar, y en el siguiente capítulo hablaremos de más técnicas.

Las imágenes coloridas y vívidas son ideales, pero hay mucha gente que sueña en blanco y negro. Quienes lo hacen tienden a suprimir su expresión artística, sus sentimientos y su apetito. Incluso tal vez se sientan física, emocional, mental o espiritualmente atrapados, como con sus trabajos, sus relaciones, o creativamente. Parece que el color se esfumó de su vida diaria y, por lo tanto, también sus sueños se quedaron sin color. Quienes expresan y verbalizan su verdad tienden a tener sueños más ricos y vibrantes.

Otro problema que afecta nuestros sueños es la forma en que nos alimentamos. Es muy importante nutrir nuestros cuerpos físicos con combustible adecuado y saludable. ¡No puedes poner un sándwich de mermelada en el tanque de gas de tu auto y esperar que siga funcionando correctamente! Tu cuerpo es tu vehículo sagrado, necesita que lo cuides y le des mantenimiento.

Una alimentación balanceada mantiene a tu cuerpo saludable y vibrante, y por lo tanto tus sueños también lo serán.

Mitos sobre los sueños

¿Alguna vez has pensado: *Ah, soñé con esa persona porque la vi ayer?* Sin embargo, esto no es del todo cierto, si lo piensas, ves miles de imágenes todos los días que no llegan a tu cabeza en la noche. Así que está claro que no sueñas con algo solo porque lo viste ese día o el día anterior.

Más bien lo que está pasando es que esa imagen o persona en particular puede estar actuando como la llave que abre la puerta a cierto sueño que necesitas experimentar. Tu ser superior guardará la llave hasta que sea necesaria para transmitirte el mensaje en tus sueños.

Otro error común es que los alimentos causan pesadillas o hacen que sueñes con ciertos temas. Aunque las personas con hábitos alimenticios sanos tienen sueños más poderosos, tu elección de los alimentos no te hará ver un contenido en particular. Sin embargo, puedes tener un sueño de mala calidad y sin descanso si estimulas a tu sistema ingiriendo alimentos picantes y cafeína, o viendo la televisión justo antes de dormir. Igualmente, los sedantes como el alcohol o las pastillas para dormir inhibirán el ciclo de sueño REM restaurador y profundo, evitando que tengas sueños, ya que tu cuerpo requiere una salud óptima.

Cuando tienes un sueño alocado es porque necesitas recibir sus mensajes de forma fuerte y clara. Tal vez no prestaste atención cuando se te presentó la información antes de forma más suave. Básicamente, tus ángeles están tratando de llamar tu atención. Así que cuando tienes sueños locos, es importante meditar y preguntarte: "¿Qué mensaje quieres que escuche?".

Diccionarios de sueños y símbolos universales de los sueños

Aunque hay disponibles en el mercado diccionarios de sueños, no necesitas uno para entender tus sueños, tú eres tu mejor intérprete. De hecho, los diccionarios pueden confundirte cuando tratas de interpretar las imágenes que ves. Como un diccionario de sueños está escrito desde el punto de vista de un autor con respecto a lo que simbolizan las imágenes, confiar en su opinión subjetiva puede llevarte a perderte el símbolo único que una imagen tiene en el contexto de tus sueños. Por ejemplo, mientras tú puedes ver "pasión" en el color rojo, alguien más puede asociarlo con "ira".

Otro ejemplo, cuando piensas en un ramo de flores, tal vez veas un regalo considerado, de corazón, pero temporal. Por lo tanto, interpretarás esa imagen como un recordatorio de que disfrutes el momento, porque se irá pronto. Sin embargo, para otra persona los botones florecientes pueden simbolizar el amor romántico, la abundancia o que algo bueno está a punto de llegar a su vida. Para otra persona, ese ramo puede significar dolor, enfermedad o tristeza.

Aunque los significados de los símbolos varían debido a la importancia individual que cada imagen tiene para una persona, hay ciertos símbolos básicos con significado universal. Por ejemplo, el agua es el símbolo arquetípico que representa emociones o el inconsciente. Entonces, además de ese significado general, tú puedes agregarle tu propio significado personal. Por ejemplo, si le agregas el adjetivo *profundo* a agua (que universalmente significa *emociones*), de pronto el agua tiene otro significado, *emociones profundas*. Por lo tanto, nadar en agua profunda simboliza estar profundamente involucrado en una situación. Entonces, si le tenías miedo al agua, esto agregará otra capa de significado a tu sueño: estar en una situación emocional profundamente aterradora. Sin embargo, si el agua representara disfrute y paraíso para ti, el agua profunda simbolizaría estar en una situación emocional profundamente amorosa.

Siempre recuerda que solo *tú* sabes lo que realmente representan las imágenes que ves. Como tus sueños tienen varias capas, es importante tomarte el tiempo para examinar cada faceta de lo que algo puede significar para ti cuando decodificas cada parte. Para ayudarte a empezar, en el Capítulo 4 te daremos significados generales de algunos símbolos comunes.

TU CUERPO DE LOS SUEÑOS

Todos tenemos un cuerpo de los sueños. En ocasiones se le llama el cuerpo astral, el cuerpo sutil o el cuerpo ligero, pero estos términos significan lo mismo. Tu cuerpo de los sueños se fusiona con tu cuerpo físico de la misma forma que el aura. Está hecho de sutiles energías vibratorias que se conectan con tus chakras y tu aura. El cuerpo de los sueños actúa como tu vehículo energético, dejando tu cuerpo físico durmiendo mientras tú exploras planos no físicos en otros lugares y tiempos. La diferencia es que te sientes más ligero y puedes literalmente volar.

Si pudieras ver tu cuerpo de los sueños, en lugar de piel verías miles de pequeñas estrellas y universos. También notarías un cordón plateado unido a tu centro, conectándolo con tu cuerpo físico alrededor del área del ombligo. Este cordón sirve como su sistema de soporte a la vida, te permite explorar todos los reinos y al final encontrar tu camino de vuelta. Hasta que despiertas de tus sueños, esto te ayuda a volver a entrar a tu cuerpo físico sin problema. No desaparece sino hasta el final de tu vida.

TU GUÍA DE LOS SUEÑOS

No estamos solos explorando nuestros sueños. Desde que naciste, igual que todos, tienes un "guía de los sueños" amoroso, protector y personal que actúa como un ángel guardián. Tal vez pienses en él como el "ángel de tus sueños". Él o ella puede ser un ser querido difunto o algún ser del amor y la luz divina.

Tu guía está contigo todas las noches y en cada sueño, apoyándote y protegiéndote. Los guías son los guardianes de las puertas a otros mundos y te traen información importante para tu bienestar y bien más elevado. Si alguien, como una abuela difunta, necesita darte un mensaje en particular, tu guía le permitirá entrar al plano de tus sueños. En otras ocasiones, este ser actuará como guardaespaldas, evitando energías menores para sacar la negatividad y las pesadillas de tu ser.

Pide la guía y protección de tu guía de los sueños cuando estés a punto de dormir.

ÁNGELES EN TUS SUEÑOS

Soñar con ángeles puede inspirarte y apoyarte en tu viaje. Puede motivarte a hacer cambios positivos y saludables, o pueden ser ese pequeño aliento que necesitas para seguir adelante. Tal vez sueñes con un ángel específico o simplemente tengas la sensación de una presencia angelical. En cualquier caso, el ángel está en tus sueños para guiarte, protegerte y alentarte. Al despertar, descubrirás que te sientes más contento y que tu corazón está lleno de un cálido amor.

Los arcángeles también pueden trabajar con tu guía de los sueños. Los arcángeles son seres más grandes y poderosos que vigilan a

nuestros ángeles guardianes. Son ángeles ili-
mitados y sin denominación que pueden ayudar
a muchas personas al mismo tiempo. Algunos arcángeles te ofrecen ayuda en tus sueños,
mientras otros te ayudan a prepararte para
soñar. En la siguiente lista los arcángeles aparecen con sus especialidades de sueños.

- **Arcángel Miguel:** protección, te da poder,
  resuelve problemas.

- **Arcángel Rafael:** sueños curativos, sana tu
  cuerpo mientras duermes.

- **Arcángel Raguel:** sueños que resuelven problemas que involucran a la familia y amigos.

- **Arcángel Haniel:** abre tu tercer ojo, se conecta con los ciclos de la luna para soñar.

- **Arcángel Gabriel:** trae mensajes proféticos.

- **Arcángel Raziel:** trabaja contigo en sueños
  de vidas pasadas.

- **Arcángel Metatron:** limpia tu cuerpo de los sueños en preparación para soñar.

- **Arcángel Uriel:** trabaja con sueños que resuelven problemas.

Capítulo dos

Técnicas de preparación para soñar y recordar los sueños

Como hemos mencionado, todos soñamos todas las noches, incluso si nunca recuerdas tus sueños, hay pasos que puedes dar para no perder sus mensajes al despertar. Además de cuidar tu cuerpo físico y manejar tus niveles de estrés, prueba las siguientes herramientas y técnicas de preparación para soñar. Puedes seguir los ejercicios como están escritos o puedes usarlos como guía para crear tus propios métodos.

Afirmaciones

Una afirmación es una declaración positiva donde declaras que algo sobre ti es verdad, es una forma de oración o intención que se enfoca en un resultado deseable.

Cuando dices afirmaciones antes de dormir, estas establecen el tono de tus viajes nocturnos. Estas declaraciones preparan tu ambiente y tu vibración energética como si se afinara un instrumento para tocar. Cuando estableces intenciones positivas, te das permiso de abrir las puertas del entendimiento y recuerdas los significados más profundos de tus sueños.

Los siguientes son ejemplos de afirmaciones de sueños, elige una antes de ir a la cama, conserva la intención en tu mente y repítela hasta que sientas la energía positiva en tu corazón.

- *Mis sueños siempre son pacíficos y curativos.*

- *Mis sueños son para mi mejor bien.*

- *Disfruto soñar porque me permite ser más creativo.*

- *Llevo mi potencial de soñar conmigo a mi despertar.*

- *A medida que cruzo el umbral de este mundo al otro, me abro a viajes mágicos llenos de asombrosas posibilidades.*

¡Diviértete escribiendo tus propias afirmaciones!

TU CÁMARA DE LOS SUEÑOS

Tu ambiente afecta tus estados emocional y mental, tus sentimientos cuando te duermes influyen en tu mente durante la noche, así que es importante crear un ambiente calmado que te conduzca al sueño. Piensa en tu habitación como en tu cámara de sueños personal.

Estos son algunos consejos a considerar al preparar tu ambiente:

- Decora tu habitación con tonos azules, verdes y tierra. Estos tonos promoverán un sueño reparador. Incluye cualquier decoración que haga que se sienta íntima, cómoda y pacífica, deja que tu habitación sea tu paraíso.

- Ten conciencia de los espejos que hay en tu habitación, ellos actúan como puertas para que emerjan otras energías. Cubrir tus espejos con telas hermosas antes de dormir cerrará estos portales.

- Coloca una "almohada de sueños" debajo de tu almohada. Llena una bolsita con una combinación de hierbas, flores, aceites esenciales y cosas similares con el propósito de promover el sueño o llamar sueños específicos. Si llenas tu almohada de sueños con artemisa, expandirás tu visión clarividente y tus sueños serán increíblemente vívidos. Incluir lavanda también ayuda a despertar la clarividencia.

- Usa un diario y una pluma para recordar tus sueños. (Más adelante hablaremos de esto.) Mantenlos cerca de tu cama.

- Antes de ir a la cama, repite una afirmación o establece tu intención para el tipo de sueño y tema que te gustaría traer. Llama a tu guía de los sueños, así como a cualquier otro ser, como al Arcángel Miguel. (Para mayor beneficio, practica este paso cada noche.)

- Considera hacer tu propio altar de sueños. Este envía un mensaje a tu subconsciente de que tus sueños son importantes para ti. Tu altar funcionará como un contenedor que conserva el espacio en la habitación como algo sagrado. Tu altar influye en la energía de tu ambiente al establecer su vibración en una que conduce a los sueños, como un radio a la estación de tus sueños. Las siguientes son recomendaciones para hacer tu altar.

CREANDO TU ALTAR DE SUEÑOS

Utiliza una mesa pequeña en tu habitación o un espacio en tu vestidor para tu altar de sueños, incluso una tabla de madera simple funciona. Puedes pintarla o decorarla con telas de colores y diferentes materiales que te gusten.

Coloca objetos personales sagrados en tu altar para infundirle su energía con sus vibraciones. Estos objetos son como los condimentos de un platillo: las especias y matices para mejorar el sabor, y los artículos especiales que elijas para tu altar amplificarán igualmente tu sueño. Puedes elegir adornar tu altar con telas hermosas, materiales interesantes, cartas del oráculo, flores secas o frescas, fotos, conchas, cristales, afirmaciones escritas o cualquier cosa que te inspire.

Puedes incluir objetos de estación o temporales en tu altar; tal vez tengas una situación particular en la que quieres trabajar por algún tiempo. En ese caso, puedes encontrar un artículo que la represente y colocarlo en tu altar solo por una noche o hasta que sientas que está resuelta y después cambiarlo por otro objeto o no poner nada.

¡Experimenta! Disfruta agregando, cambiando y recreando tu altar mágico en tu cámara de sueños personal. Asegúrate de tomarte un momento para visitarlo y meditar sobre los objetos que están en él antes de ir a dormir cada noche.

MÚSICA

La música entra en nuestro subconsciente e influye en nuestro humor, pensamientos y estados del ser. Revisa qué tipo de música estás escuchando ahora, o piensa en las últimas canciones que escuchaste. ¿Qué artistas y géneros te atraen normalmente? ¿Qué sentimientos te producen?

La música es importante en la preparación para soñar también, puedes escuchar algo mientras te preparas para ir a la cama o mientras te duermes ya estando recostado. Sin embargo, es importante no quedarte dormido con la televisión o el radio encendidos. Tu mente subconsciente tomará lo que se está diciendo, positivo o no, y esto influirá en tus emociones mientras duermes y cuando te despiertas.

Por lo tanto, para promover un sueño feliz, pon música suave antes de irte a la cama, puedes elegir cualquier cosa que evoque los sentimientos que deseas llevar a tus sueños. Por ejemplo, si quieres programarte para un viaje astral (más de esto en el Capítulo 9), ayudaría escuchar música ambiental, música que incluya tambores, o sonidos ambientales o *soundscapes,* cualquier cosa que asocies con viajes a las galaxias y a otros mundos. Puedes escuchar cualquier música, siempre y cuando sea positiva y alegre y despierte los sentimientos que quieres tener en tus sueños.

OBSERVACIÓN DE VELAS

En la observación de velas, ves una vela con una intención focalizada. Esta es una poderosa técnica no solo para el trabajo de los sueños, sino para la adivinación, la manifestación y la meditación.

Para empezar, elige una vela de color, el color promueve una vibración energética específica, lo cual mejora los tipos de sueños que representa (ver la sección "colores" en el Capítulo 4). Por ejemplo, el azul corresponde al quinto chakra, también simboliza la calma, la verdad interna y la comunicación. Al elegir el azul promovemos sueños que nos

ayudan a buscar la verdad interna y la comunicación.

Cuando hayas seleccionado una vela, encuentra un asiento cómodo, pon la vela en un
lugar seguro (tal vez en tu altar) y enciénde-
la. Permite que tu contemplación se suavice
a medida que enfocas la flama. El fuego está
transmutando o "arrasando" cualquier energía que necesites liberar antes de dormir. El
color de la vela está estableciendo la intención
para los tipos de sueños por los que quieres
viajar.

Más allá del simbolismo del color de la vela
que elijas, también puedes "cargarla" con una
intención o afirmación.

Agua mágica

Es importante preparar tu cuerpo de los sueños cada noche antes de irte a la cama. Esta
preparación también ayudará a regresar al
estado total de conciencia al despertar por
la mañana. Abre tu cuerpo de los sueños a la
puerta mágica de los sueños con este dulce ritual:

Antes de ir a la cama, llena un vaso pequeño con agua. Sostenlo con las dos manos, cerca de tu corazón o tu plexo solar (en medio de la caja torácica).

Di una afirmación como "Mis sueños son vívidos". Toma la mitad del agua, coloca el vaso en un lugar seguro y cercano.

En la mañana toma la otra mitad del agua y sostenlo de nuevo con ambas manos cerca de tu corazón o plexo solar. Repite otra afirmación relacionada con recordar tus sueños, como "Ahora recuerdo mis sueños en colores y detalles vívidos". Bebe el resto del agua.

Con la práctica ahora comenzarás a recordar más detalles de tus sueños.

¡Este ritual que induce a los sueños funciona! ¿Por qué?, te preguntarás.

El cuerpo físico está formado en su mayor parte por agua. Esta forma mucho de nuestro torrente sanguíneo y nuestras células. Cuando dices afirmaciones mientras sostienes el vaso, esto cambia la estructura molecular del agua, esencialmente fusionando tus declaraciones con ella. Beber agua "llena" tu cuerpo con tus intenciones, despiertas a tu cuerpo de los sueños con esta fácil técnica, ayudando así a recordar tus sueños.

GIRAR

Girar es una forma poco conocida de recordar tus sueños cuando te despiertas. Cuando duermes, te mueves y giras, cambiando a diferentes posiciones toda la noche, y tu cuerpo guarda los recuerdos de tus sueños en sus tejidos. Por lo tanto, girarte en diferentes posiciones cuando te despiertas puede liberar los recuerdos de tu cuerpo para ayudarte a recordar fragmentos de los sueños.

Por ejemplo, mientras estás dormido tal vez te gires hacia el lado derecho, entonces tu cuerpo guarda los sueños que tuviste durante este tiempo en los músculos de ese lado. Si te cambias al lado izquierdo o de espaldas mientras estás soñando, tu cuerpo registra los recuerdos en esas posiciones también. Entonces, cuando despiertas puedes girarte ligeramente en la cama, descubriendo los diferentes sentimientos e imágenes que se te dieron cuando dormías.

Para la versión paso a paso:

- Al despertar gírate suavemente a la derecha, quédate así uno o dos minutos.

- Después gírate lentamente de espaldas y quédate ahí unos minutos.

- Por último, gírate a la izquierda, quedándote ahí un tiempo antes de levantarte a iniciar el día.

Tómate tu tiempo, y nota las diversas impresiones que tienes en cada posición. ¡Este trabajo detectivesco es divertido!

LLEVAR UN DIARIO

Llevar un diario es una de las mejores técnicas para recordar los sueños, ¡hazlo un hábito! Mientras más escribas, más detalles recordarás. Idealmente, querrás escribir tu diario todos los días, inmediatamente al despertar o en cuanto te sea posible. Al principio tal vez no recuerdes mucho, pero a medida que continúes con el hábito te sorprenderá cuánto regresa a ti.

Necesitarás una libreta nueva dedicada a recordar tus sueños, no la uses para otra cosa. También necesitarás una pluma, de nuevo, úsala solo para escribir tus sueños. Mantén estos dos objetos en tu mesa de noche o en otro lugar junto a tu cama.

Cuando despiertes por la mañana, antes de hacer cualquier otra cosa, toma tu pluma y escribe la fecha en tu libreta, después escribe todo lo que recuerdes de tus sueños, incluyendo el ambiente, gente, sonidos, acciones, eventos, qué llevabas puesto, emociones, colores y tus sentimientos al despertar. Si solo puedes recordar la imagen de un zapato rojo, escríbelo. Sé lo más detallado posible. Mientras más escribas en tu diario, más detalles comenzarás a recordar de tus sueños.

Escribir la fecha es útil para que puedas hacer referencia a tus sueños y notar algún patrón o tendencia. Esto es importante ya que cada uno de nuestros sueños es un hilo y todos los hilos juntos forman un gran tapete que cuenta una historia. Tal vez recibirás un mensaje continuo por algunas semanas en varios sueños que parecen no estar relacionados... hasta que revises tu diario de los sueños. Entonces verás la conexión mágica ahí, en cada página.

Nota: Tal vez tengas *flashazos* durante el día, son momentos en los que recuerdas pedacitos de un sueño, son fragmentos de sueños, como piezas de un rompecabezas. Cualquier cosa puede causar los flashazos, incluyendo personas, lugares y eventos. Sería inteligente llevar contigo una pequeña libreta para registrar esos flashazos que recuerdas a lo largo del día. Después puedes registrarlos en tu diario de sueños.

DISCUSIONES SOBRE LOS SUEÑOS

Hablar con alguien al despertar y compartir los detalles de tus sueños puede ser una poderosa herramienta. Mientras más describas lo que experimentaste, más detalles recordarás. Elige a alguien en quien confíes, como un amigo cercano, un familiar o tu pareja.

Estas discusiones crean un vínculo sagrado y pueden acercar a la gente. El espacio de los sueños es muy íntimo, abrir tu corazón y ser vulnerable con alguien fortalecerá tu conexión a muchos niveles. Cuando aprendas más sobre el simbolismo dentro de tus sueños, querrás explorar posibles significados en tus discusiones también.

CREANDO ARTE

Dibujar, hacer bosquejos y pintar las imágenes y sentimientos que tuviste en tus sueños abrirá tu corazón y tu mente para que seas más receptivo a estos recuerdos. Cuando expresas artísticamente tus sueños, estos se vuelven más claros y poderosos. No te preocupes por cómo se ve tu arte, fluye con él y disfruta tu creatividad; no tienes que usar un lienzo y un cincel tampoco, puedes simplemente dibujar en tu diario de sueños.

Capítulo tres
Creando tus propios sueños

✦·✦·✦·✦·✦·✦·✦·✦·✦·✦

Una vez que hayas aprendido a mejorar los recuerdos de tus sueños, lo siguiente que debes dominar es *crear* tus propios sueños. Después de practicar las técnicas descritas en este capítulo, podrás "programar" tus sueños para la curación y guía que buscas. De esta forma tu sueño se vuelve una extensión de tu trabajo de autocuidado.

LOS SUEÑOS LÚCIDOS

Una de las formas más importantes de soñar son los *sueños lúcidos*, es decir, cuando estás claramente consciente de que estás soñando. Todo parecerá vívido y real y tus sentidos se intensificarán. Puedes entonces influir en los eventos que están sucediendo o decidir crear una realidad completamente nueva.

En ocasiones tendrás un momento en que "se te encienda el foco" o algunos que te harán concientizar el hecho de que estás soñando. La oportunidad para la transformación, la manifestación y la creatividad surgen de ese momento de entendimiento. Cuando abres tu conciencia a cómo puedes crear las circunstancias de tus sueños, te vuelves muy bueno para manifestarlos en tu vida diaria.

Para fomentar los sueños lúcidos ayuda seleccionar un "tótem", que puede ser cualquier objeto importante cuya observación te recordará que estás soñando. Una parte del cuerpo, como la mano o el pie, puede ser un gran tótem, ya que es muy probable que los veas en cualquier tipo de sueño que tengas. No cambies a un tótem diferente una vez que selecciones uno, mientras más trabajes con él más carga energética tendrá. Cuando veas el tótem en tus sueños, se desencadenará tu memoria y será cada vez más probable que estés consciente de que estás soñando.

Una vez que estés consciente de estar soñando, puedes comenzar a crear tu sueño. Por ejemplo, puedes estar soñando que estás en una habitación llena de gente cuando preferirías estar en un campo lleno de flores, así que puedes tomar la decisión de cambiar tu ambiente para estar en ese colorido campo, o, tal vez, en la habitación llena de gente, puedas decidir acercarte a una persona en especial para iniciar una conversación.

Puedes explorar todas tus opciones y experiencias una vez que te das cuenta que estás soñando; crear un ambiente diferente, decidir hablar con alguien, trabajar en una solución a un problema, crear un proyecto, o componer música. Todo esto es posible en los sueños lúcidos. Recuerda ser paciente contigo mismo, ya que se requiere práctica para mantenerte en el sueño lúcido una vez que te das cuenta que estás soñando.

Se requiere cierto trabajo para fomentar los sueños lúcidos, pero es parte de la aventura.

La siguiente técnica ancestral es un lugar excelente para comenzar a practicar. En este ejercicio tu mano actúa como el tótem.

LA TÉCNICA DE LA MANO TIBETANA

Concéntrate en tu mano antes de ir a dormir mientras repites esta afirmación (o crea tu propia afirmación con el mismo significado): "Al ver mi mano en mi sueño esta noche, recordaré que estoy soñando".

Examina realmente cada detalle de tu mano, estúdiala tan bien que puedas visualizarla claramente al cerrar los ojos.

Esta preparación enviará una nota a tu mente subconsciente para llevar tu atención a tu mano durante el viaje nocturno. Entonces, cuando la veas, activará la intención que estableciste para recordarte que estás soñando.

Prográmate de esta forma para mejorar tu capacidad de soñar lúcidamente y por lo tanto expandir tus habilidades de manifestación en tu realidad al despertar. Si sientes que no está funcionando, relájate y sigue practicando, toma un poco de tiempo. Pero, lo más importante ¡diviértete!

Incubación de sueños

En la antigüedad, nuestros ancestros usaban templos especializados para fomentar el trabajo en los sueños, la mayoría de estos templos fueron construidos para la "incubación". Esta es una técnica que te ayuda a tener sueños específicos, obtener más detalles en un sueño y decodificar y reunir más información sobre un mensaje en particular. Tradicionalmente, algunos hombres de la medicina nativa americana ayunaban durante días para llamar a ciertos sueños. En la antigua Grecia, las sacerdotisas y sacerdotes entraban al templo de los sueños durante días o semanas para trabajar en sus sueños. En ocasiones se esparcían hierbas frescas en el área y se ingerían bebidas herbales, para promover el resultado deseado.

Tal vez tengas un sueño, u otra situación en tu vida, que no comprendas claramente. Si deseas más información sobre ella, puedes incubarla usando los siguientes pasos:

1. Justo antes de dormir, escribe en lo que quisieras concentrarte durante el sueño. Tal vez te preguntes: "¿Qué necesita atención en mi vida?" o "¿Qué situación (o sentimiento) necesito aclarar?". También puedes decirlo en forma de intención, como "Soñaré sobre el área de mi vida que necesita atención" o "Tendré un sueño para aclarar mis sentimientos sobre mi relación (o carrera, o lo que decidas)".

2. Cuando te acuestes repite tu declaración o pregunta algunas veces y visualiza las palabras que escribiste.

3. Puedes también poner un símbolo cerca, tal vez en tu mesa de noche, que represente la situación o sueño en el que quisieras concentrarte.

4. Si eres más olfativo, coloca en tu almohada, o en tu mesa de noche, o debajo de tu almohada, algunas hierbas que representen el sueño que quisieras incubar. Por ejemplo, las rosas suavizan el estado emocional mientras protegen de las pesadillas a quien sueña. También pueden

atraer sueños con relaciones o asuntos del corazón. La lavanda, por su parte, relaja los nervios y puede ayudar a abrir el tercer ojo, la clarividencia, y fomentar sueños proféticos. La artemisa limpia y prepara el espacio para el sueño si la usas en polvo o incienso. También ayuda a recordar los sueños vívidamente y estimula los sueños lúcidos. El diente de león puede provocar sueños que resuelven problemas. La ortiga protege a quien sueña mientras estimula sueños con espejos y que resuelven problemas. La flor de manzano prepara el cuerpo de los sueños para el viaje astral a lugares ancestrales como Ávalon. El espino invoca los sueños del reino y la naturaleza elemental. La milenrama estimula sueños curativos, a todos niveles, y la inspiración.

5. Cada mañana escribe en tu diario de sueños todo lo que recuerdes, incluyendo cómo te sentiste al despertar.

Repite cualquiera o todos estos pasos para obtener los resultados deseados. Puedes incubar por algunos días o semanas, o incluso por un mes, dependiendo de cuánta información tú y tus guías sientan que necesitas. Sé paciente y relájate mientras usas esta técnica, ya que puede tomar algún tiempo.

INCUBANDO UN LUGAR

También puedes incubar un sueño en el que viajes a lugares sagrados. Ciertos lugares están cargados poderosamente con energía y corrientes electromagnéticas. Cuando piensas en estos lugares, te conectas con su energía. Por ejemplo, si vieras una foto de Newgrange (un monumento antiguo en Irlanda) por cinco minutos al día, estarías "marcando" como si lo llamaras por teléfono. Newgrange, por supuesto, respondería y te conectaría a su energía, así es como funciona la incubación de cualquier lugar sagrado o poderoso.

Esta técnica también puede funcionar con sitios familiares, como tu casa de la niñez, la escuela, o cualquier lugar que sea importante o especial para ti. Incluso puede ser un lugar que no te guste particularmente, solo debe ser un punto que sea importante para ti. A diferencia de los lugares sagrados, que tienen cargas para todos, los lugares personales tienen carga solo para quien tuvo una experiencia personal con el espacio.

La técnica es simple: Observa una foto de un lugar sagrado (o personal) antes de irte a la cama o mientras estás recostado, concéntrate en ella por cinco minutos o más, cierra los ojos y ve la foto en el ojo de tu mente, has marcado al lugar sagrado. Mientras te vas quedando dormido, recuerda que se ha hecho la conexión con este lugar.

Puedes incubar sueños todo el tiempo que quieras, cuando tu guía y ángeles del sueño sientan que necesitas concentrarte en otros mensajes que te servirán más, ellos te llevarán ahí. Recuerda, siempre recibirás lo que es para tu mejor bien, incluso si no es la experiencia en particular que pensaste que estabas buscando. Disfruta este fascinante viaje.

SOÑAR DESPIERTO

Así como es posible crear tus sueños nocturnos, puedes usar la manifestación en tu vida diaria. *Soñar despierto* (también conocido como *soñar con los ojos abiertos*), es una dulce manera de relajarte y descubrir tu creatividad y potencial escondidos. Muchos de los libros más vendidos, las mejores películas, las obras de teatro ganadoras de premios y otras obras de arte han sido inspiradas por los sueños con los ojos abiertos.

Se dice que Mark Twain, Mozart, Beethoven, Albert Einstein e Isaac Newton recibieron nuevas ideas mientras soñaban despiertos. El maestro de Tomás Edison se quejaba de que este "tenía propensión a soñar despierto" durante las clases. Arthur Fray, un ingeniero de 3M, estaba buscando la forma de que los separadores de libros no se cayeran de su libro del coro y un día, mientras su mente andaba vagando, recordó a un colega que tenía un pegamento especial, así que inmediatamente puso en práctica los resultados de sus sueños con los ojos abiertos al inventar el *Post-it*.

Estudios científicos que usan escáneres de imágenes por resonancia magnética muestran que la actividad cerebral asociada con la solución de problemas complejos es mayor durante los sueños con los ojos abiertos. Otra investigación ha concluido que los alumnos que sueñan despiertos regularmente tienen más empatía; tal vez porque esto despierta nuestra intuición, la cual está relacionada con la empatía. Un estudio realizado en Harvard en 2010 calculó que la gente sueña despierta con algo diferente a la actividad que está realizando cerca del 47% del tiempo.

A medida que te relajas y permites a tu mente divagar, tu conciencia se relaja también. Esto permite que las visiones salgan a la superficie en tu imaginación, como una película. Algunos llaman a esto "el arroyo de la conciencia". Si te permites estar en paz en esta "zona" te pueden inspirar todo tipo de ideas nuevas y llegarán proyectos a tu cabeza por medio de la corriente de pensamiento desde tu mente creativa.

Por ejemplo, Eric era un coreógrafo al que se le pidió crear un baile para una famosa compañía de entrega de premios en televisión. Estaba un poco estresado tratando de generar ideas. Siempre había algo que faltaba y no cuadraba. Después de semanas de trabajo decidió tomarse un descanso en una cafetería.

Cuando Eric se relajó, su mente empezó a divagar, llevándolo al flujo libre de visiones, pensamientos e ideas. Se permitió quedarse en esta zona y una cadena inspiradora de imágenes comenzó a formarse en su mente. Casi en trance, tomó un lápiz y escribió todo lo que veía como venía a su mente: trajes, pasos de baile, música, temas. Fue como si estuviera canalizando o realizando una escritura automática. Veía las imágenes claramente a medida que se fusionaban unas con otras. Después de unas horas, la corriente comenzó a desaparecer y Eric supo que tenía su coreografía. Este sueño con los ojos abiertos dio fruto como su primer trabajo aclamado mundialmente.

En ocasiones soñar despierto es algo que sucede cuando menos lo esperas, pon atención a la información que llega. Puedes usar la siguiente técnica para ayudarte a abrirte a soñar despierto.

- Permite a tu cuerpo y a tu mente relajarse.

- Suaviza tu vista para que no se enfoque en algo en particular.

- Llama a tu guía de los sueños y a cualquiera que pueda ayudarte, como un arcángel, maestro ascendido o guía espiritual.

- A medida que las imágenes comiencen a fluir en tu mente, permite que tus pensamientos divaguen libremente.

- Tal vez quieras hacer una pregunta, escribe el mensaje que recibas. Tal vez recibas una respuesta por medio de cosas visuales, como colores y símbolos.

- Sigue haciendo preguntas o simplemente permite que las visiones que has formado fluyan fácilmente.

- Cuando las imágenes se hayan disipado, escríbelas en tu diario. Nuestros ángeles y guías espirituales nos piden que nos demos tiempo para soñar, ya que con frecuencia recibimos mensajes Divinos por medio de los sueños.

Parte II

Interpretando tus sueños

Capítulo cuatro

Símbolos básicos
de los sueños

✷⁎✦⁂⁎✷✷⁎✦⁂⁎✷

En este capítulo ofrecemos una lista de símbolos comunes y lo que generalmente representan. Sin embargo, depende de ti asimilar completamente las imágenes y sentimientos que recibes en tus sueños. Recuerda, tú eres tu mejor intérprete de sueños, solo quien sueña puede entender el verdadero significado.

A medida que leas, revisa cómo resuena cada símbolo para ti, considera qué significado personal pueden tener si los ves en los sueños.

Ángeles

Mensajes espirituales. Cuando ves a estos mensajeros de Dios en tus sueños estás visitando con ellos. Ellos te apoyan en tus metas para tu mejor bien. Pon atención a cómo lucen, qué dicen y cómo te sientes cuando estás con ellos.

Animales

Cuando sueñes con animales o insectos, toma nota del tipo específico. Averigua su hábitat y otras características. Esta información puede ayudarte a entender por qué soñaste con esta criatura en particular.

Oso

Protección, hibernación, cuidado maternal. Este animal puede significar que necesitas protegerte poniendo límites. También puede indicar una necesidad de "hibernar", o llevar tus energías a tu interior para descansar y nutrirte. Por otro lado, puede estar diciendo que necesitas salir de la hibernación y disfrutar la vida.

El oso también representa la cualidad y habilidades de cuidado material en todas las personas. Si ves este animal en tus sueños, un ser querido puede estar necesitando tu ayuda o puede que sea tiempo de nutrirte. Considera, también, si estás siendo demasiado asfixiante con alguien bajo tu cuidado.

Ave

Libertad, vuelo, esperanza. Este es el mensajero de los ángeles, los espíritus y la Fuente. Cuando aparecen aves en tus sueños te están trayendo información para ayudarte a aumentar tu conciencia, están vinculando tu reino físico con el paraíso y tu vida consciente con tus sueños.

Aunque las aves pueden ser un portento de las cosas por venir, siempre son mensajeros de esperanza. Si notas la especie de ave, averigua acerca de ella cuando despiertes, esto le agregará otra capa al significado de este mensaje.

Víbora

Integración, liberación, renacimiento. La víbora proclama un tiempo de transición, durante el cual pasarás por el ciclo del nacimiento, muerte y renacimiento. Disfruta el refugio de lo antiguo mientras das el paso a tu poder.

La sabiduría de la víbora puede llevarte a hacerte muchas preguntas: *¿Qué proyecto o relación necesito iniciar? ¿Qué necesito perder, liberar o descubrir para dar paso a nuevas oportunidades? ¿Qué necesito traer de vuelta a mi vida?* La víbora representa el renacimiento en todas sus formas. Simboliza las enseñanzas o información escondida, así como la integración de la forma física y espiritual.

La víbora doble, o *caduceo*, es el emisario de la trascendencia, un equilibrio entre tus energías física y espiritual. (Tal vez reconozcas al caduceo como la insignia médica tradicional). Abre tu conciencia al baile en espiral de las fuerzas cósmicas simbolizada por las dos víboras enredadas en la vara. Estudia el conocimiento escondido que te ha atraído.

Sangre

Energía vital. Si tú o alguien está sangrando en un sueño, simboliza la pérdida de energía vital en una situación o relación en particular. Una lesión sin sangrar denota que aunque la situación puede causar un poco de dolor mental, físico o emocional, te recuperarás con tu energía vital intacta.

Ropa

Autoexpresión, sentimientos, expresión exterior. La ropa representa tus sentimientos internos y la forma en que te expresas por medio de lo que muestras al mundo. La frase *vestir tus sentimientos* viene a la mente. La ropa puede representar tus sentimientos e identidad interna y externa. Tendrás que discernir lo que te está diciendo tu sueño por medio de los detalles de la ropa. Si tu ropa está muy apretada, tal vez tu ambiente o situación ya no va contigo. Si sueñas con estar bien vestido y que te halagan por tu fabulosa apariencia, pero tú te sientes incómodo, puede ser señal de que no estás siendo honesto en lo que presentas a los demás. Los colores de tu ropa agregan otra dimensión al significado (*ve la siguiente parte*).

COLORES

El significado de los colores se basa en el sistema de chakras. Cuando interpretes un color en tus sueños, como con los símbolos, primero considera el significado general, después agrega tu sensación personal al respecto. Mientras sueñas, nota cualquier color que resalte para ti, como en la ropa, los animales o las características físicas. Además, observa cualquier cosa que tenga un color inusual. (Un objeto como el cielo, el sol, la luna, o cualquier cosa que tenga su color normal tal vez no deba analizarse.)

ROJO

Chakra raíz, pasión, instintos de supervivencia, energía sexual. El rojo se asocia con el primer chakra (raíz). Pertenece a tu cuerpo físico a su más profundo nivel y aparece en tus sueños para dejarte saber si estás equilibrado o no, con los pies en la tierra o disperso. Este color te pide que confíes en que tus instintos son buenos y te advertirán del peligro, si es necesario.

Soñar con este color podría también denotar que es hora de sintonizarte con tus impulsos animales y descubrir o reconocer tus pasiones. El rojo también representa el sistema circulatorio y el fortalecimiento de la fuerza vital, tal vez necesites revisarte la presión o los niveles de tu metabolismo.

NARANJA

Chakra sacro, expresión creativa, esfera social, confianza. El naranja resuena con el segundo chakra (sacro), que se relaciona con la energía del optimismo y la confianza, el cambio, la esfera social, como la familia y la sociedad, y la expresión creativa, como el canto y el baile. Este color representa la expresión de tu creatividad. Puede denotar que es hora de descubrir tus talentos ocultos, hacer cambios positivos en tu vida o explorar las actividades placenteras.

Tal vez tu experiencia del placer está desequilibrada. Esto normalmente se manifiesta en tu vida como celos de la alegría de otros, o por medio de perderte en las drogas, el alcohol, la comida o el sexo. En este caso, soñar con este color sería una señal para equilibrar tu vida por medio de salidas creativas y permitirte apreciar la belleza.

Soñar con el color naranja puede estarte llamando a abandonar tus juicios y liberar tu sensualidad. Despierta completamente a este momento de sensaciones y emociones y permítete sentirte deseable. Transforma lo mundano en algo especial. Al hacerlo, abres una nueva perspectiva en tu vida diaria. Disfruta tu viaje.

AMARILLO

El chakra del plexo solar, flexibilidad, adaptabilidad, poder personal. El amarillo representa el tercer chakra (plexo solar). Este color pertenece a los límites, así que asegúrate de definir los tuyos si ves el amarillo en tus sueños. También representa la necesidad de identificar lo que es importante para ti con respecto a los principios y ética; tal vez necesites usar el discernimiento en tus circunstancias actuales.

Considera si estás siendo lo suficientemente flexible en una situación en particular, ya que este color simboliza ser adaptable al cambio. También puede significar un momento de ser asertivo y permitirte ser un individuo dentro de un grupo. Tal vez necesites defender algo en lo que crees.

Soñar con amarillo puede también estarte revelando un desequilibrio en tu tercer chakra. Sentirte altamente competitivo con alguien más es una señal de desequilibrio. Tal vez también te sientas defensivo o inseguro, o tengas conflictos con otros.

VERDE

Chakra del corazón, compasión, amor incondicional, crecimiento, salud. Este color se asocia con el cuarto chakra (corazón), que a su vez representa curación, crecimiento, amor y crianza. Cuando el verde aparece en tu sueño, pregúntate qué necesitas curar en tu vida.

El verde también significa que necesitas mantener abierto tu corazón, ser compasivo contigo mismo y con los demás, y permitir que el amor expanda tus sentidos. Tal vez te esté pidiendo abrirte al amor propio y cultivar una relación contigo mismo. El verde también representa la comunicación desde el corazón.

Si tienes desequilibrado el chakra del corazón, este color podría significar que necesitas usar la compasión en lugar de las emociones de empatía o compasión que desgastan tu energía. Soñar con color verde podría simbolizar la necesidad de permitirte recibir. Promueve un ambiente seguro y de apoyo al liberar los juicios.

Azul

Chakra de la garganta, verdad interna, calma emocional, expresión creativa, comunicación. El azul se conecta con el quinto chakra (garganta). Tal vez necesites comunicar quién eres y aceptar tu originalidad y que eres único. Este color simboliza que es hora de saltar a tu expresión creativa y verbalizar tus pensamientos, preocupaciones o intenciones.

Soñar con este color puede ser una señal de desequilibrio en un área. Por ejemplo, podría representar que tu verdad interna está reprimida. Una pista de que este es el caso es sentirte impulsado a probar que tus ideas son correctas. Otra pista sería la incapacidad de compartir tus sentimientos y opiniones, o de albergar sentimientos de incompetencia.

El azul simboliza la fusión de tu conciencia individual con la conciencia universal. También puede detonar la continuación del aprendizaje, como explorar la belleza en todas las religiones y filosofías del mundo. Es una invitación a mantenerte abierto a los diversos caminos de la vida.

MORADO

Chakra del tercer ojo, clarividencia, realeza. El morado se relaciona con el chakra del tercer ojo. Este color puede ser una señal en tus sueños de que tu tercer ojo está abierto, y que es hora de usar tu clarividencia para el mejor bien de todos. Cuando este chakra está desequilibrado se manifiesta en forma de una necesidad de escaparse de la realidad. Si tienes sentimientos de superioridad, el morado es un recordatorio de que todos tenemos el mismo potencial y de que todas las personas tenemos poderes internos de clarividencia.

El morado se ha considerado un color de la realeza desde tiempos antiguos, y soñar con él puede simbolizar tu conexión con la realeza o que es hora de darte un tratamiento real o dárselo a alguien más. Este color también representa que los mensajes amorosos que estás recibiendo son Divinos y que te los está enviando Dios, los ángeles o tu guía de sueños.

Blanco

Chakra de la coronilla, purificación, transformación, Fuente, Divinidad, iluminación. El blanco es el color que refleja todos los colores. Representa el chakra de la corona y simboliza purificación, transformación y la Fuente. Soñar con el blanco es un recordatorio de la Divinidad dentro de ti. Cuando este color aparece en tus sueños, puede simbolizar que tienes dentro de ti todo lo que siempre necesitarás. Es un recordatorio de que eres una chispa de la Fuente Divina, una criatura del amor y la luz.

El blanco puede estarte pidiendo que te rindas a la guía Divina, que te está dando pequeños pincelazos de comprensión llamados iluminación. Tienes apoyo para llevar una vida de conciencia sagrada, comienza tratando a todas las cosas como sagradas y dignas de respeto.

Muerte

Transición, evento que cambia la vida. Muy pocas veces esto significa literalmente la muerte física. Cuando es así, normalmente sucede durante un sueño profético o con vidas pasadas. Sin embargo, los sueños proféticos con la muerte son escasos, más bien, la muerte en los sueños normalmente simboliza una gran transición en la vida de una persona, como un evento importante, un rito de paso. La muerte también representa la liberación de lo viejo en forma de creencias, posesiones, situaciones o relaciones que ya no te sirven.

Fuego

Transmutación, purificación, renovación, pasión. El fuego representa la transmutación, tener el valor de quemar lo viejo y dejar que entre lo nuevo. En otras palabras, es momento de salir de tu capullo y permitirte ser esa hermosa mariposa. Es hora de encender el fuego interior (o el que está bajo tu asiento). Sabes qué se debe hacer, así que ocúpate y da los pasos necesarios para permitir que ocurra este maravilloso cambio. Durante este tiempo de transición ten fe en que todo está bien.

Soñar con fuego también representa purificación. En cada transformación sucede un proceso de limpieza. Tal vez sea hora de purificar tus pensamientos, acciones, relaciones o algo más que se ha vuelto no sano. Transmuta tus viejos hábitos.

Cabello

Poder personal, conexión con la Fuente, identificación. Como tu cabello crece desde la parte superior de tu cabeza, a través del chakra de la coronilla, simboliza el crecimiento o salud de tu conexión espiritual. El cabello también puede simbolizar poder personal o una fuente de poder. Si sueñas con que tu cabello es cortado o rasurado en un estilo inusual, tal vez necesites explorar tus raíces o una cultura que ese corte de cabello de recuerda. Esto también podría simbolizar una necesidad de autoidentificación en este momento de tu vida. Nota el color de tu cabello en un sueño, si no coincide con tu color actual, puede haber otra capa de significado.

CASA

Mente, cuerpo, espíritu. Tú, al igual que una casa, puedes tener muchas habitaciones y niveles (*físico, mental, emocional y espiritual*). Cuando sueñas con una casa, nota cómo está construida. Nota si es fuerte y de qué materiales está construida. La casa refleja tus sentimientos sobre ti y tu comportamiento.

MONTAÑA

Lograr objetivos, aprendizaje más alto, conocimiento, cima, Consejo Superior, fuerza, obstáculo, protección. Las montañas te dan la perspectiva cuando estás parado en la cima. Por lo tanto, esto puede simbolizar la necesidad de ganar un punto de superioridad en una situación. Si sueñas que estás parado en la base de una montaña, esto puede simbolizar un ascenso estable para alcanzar una meta. El ambiente de la montaña también es importante, como la nieve, los árboles y otras características, ya que añaden significado. A veces, soñar con una montaña simboliza llegar al estado más alto del ser o del aprendizaje. Por lo tanto, una montaña también puede representar el Consejo Superior.

DIENTES

Nutrición, verbalización de la verdad y auto - expresión, control. Los dientes son necesarios para alimentarse, al igual que para comunicarse. Si tus dientes se caen o se deshacen en un sueño, tal vez sientas que estás perdiendo el control de tu voz o que no puedes expresarte o comunicarte con alguien. Si tus dientes están amarillentos o necesitan trabajo dental en tu sueño, tal vez necesites nutrirte, mental, física, emocional o espiritualmente.

BAÑO

Liberarse, dejar ir. Soñar con este símbolo puede representar que necesitas liberarte de algo que ya no te sirve. También podría significar que necesitas "descargar" un hábito. Tal vez estés lleno con todos tus problemas o los de alguien más, o ellos están liberando los suyos en ti. Si estás usando el baño en un área pública o frente a los demás, esto puede significar que te sientes emocionalmente vulnerable, como si estuvieras mostrando tus emociones al mundo.

Tornado

Agitación. Una situación se está tramando alrededor de ti. Habrá un ciclo de agitación, luego calma y agitación de nuevo. Prepárate. Un tornado también puede representar la creatividad girando en tu vida. Esta situación creativa podría traer muchos cambios.

Viajar

Viaje, camino, sitio. Si el viaje es un tema en tu sueño, significa un viaje, un nuevo camino o un cambio de sitio. ¿Sabes a dónde vas o a dónde *quieres* ir? Es hora de tomar esa decisión. Viene un cambio en la geografía. Tal vez un cambio de trabajo o una nueva casa.

Reevalúa tus "formas de transporte". Pon atención a cómo estás piloteando tu vida en este momento. ¿De qué forma estás llevándote del punto A al punto B? El vehículo en tu sueño puede representar tu cuerpo físico, modales, hábitos y acciones. Nota quién está contigo en este viaje. ¿Estás a cargo de la dirección en que viajas o alguien más va manejando? Reevalúa tus opciones en tu viaje en este momento.

Agua

Emoción, iniciación, rejuvenecimiento. Cuando ves esta imagen debes saber que necesitas sintonizarte con tus emociones. El agua simboliza la conciencia humana. ¿Estás nadando en una emoción profunda o superficial? ¿Tus sentimientos son turbios o claros? ¿Corren vastos como un océano? Tal vez es como si tus emociones se estuvieran desbordando sobre ti. Es importante que te tomes el tiempo de entenderlos y comprender cuáles son sus raíces.

Cuando cruzas el umbral de los sueños, tienes la oportunidad de explorar símbolos, mensajes y lecciones de crecimiento. Existe una razón para cada sueño que tienes. Tal vez necesites la información, conciencia o curación de una situación particular en tu vida. Conocer los diferentes tipos de sueños que puedes tener te ayudará a descifrar qué mensaje debes recibir.

Ahora que hemos hablado de algunos de los símbolos comunes de los sueños, describiremos los diferentes tipos de sueños, cómo reconocerlos y qué significan para ti. También compartiremos muchos ejemplos de cada sueño que nos han compartido nuestros lectores y los interpretaremos para que puedas ver los muchos significados que pueden tener los diferentes símbolos.

Capítulo cinco
Sueños que resuelven problemas

Los sueños que resuelven problemas te ayudan a entender algo en tu vida que requiere atención. Cuando una situación necesita resolverse, tu ser superior, junto con tus ángeles y guías, te enviará un sueño que resuelva problemas. Puedes analizar los componentes de estos sueños para aprender algo de la siguiente información: la verdad del asunto, cómo te sientes en la situación y cómo enfrentar el problema en cuestión. Los sueños que resuelven problemas pueden responder preguntas como *"¿Qué debería hacer ahora?"*.

En este capítulo ofrecemos ejemplos de sueños que resuelven problemas que los lectores han compartido con nosotros y cómo estos sueños los han ayudado. Si necesitas más información sobre cómo resolver tu propia situación, llama a tus ángeles y guía del sueño para que te dirijan en un sueño que resuelva problemas.

GUÍA EN EL CAMINO DE TU VIDA

Cuando la gente tiene problemas al navegar en sus asuntos, o no está segura qué dirección debería tomar su vida, los ángeles pueden ofrecer guía, consejo y otro apoyo en un sueño.

Hazel soñó que los arcángeles Miguel y Gabriel guiaban su vehículo a través de una rotonda similar a un laberinto. Los arcángeles llevaban maletas pequeñas en sus manos, y en la mano izquierda de Gabriel había una niña. Sonriendo, Gabriel le dijo a Hazel que guiará a la niña, su sobrina. Hazel finalmente pasó el laberinto, solo para descubrir que aún debía rodear un risco, tomando un camino montañoso que la llevaba por una selva.

En este sueño, los arcángeles Gabriel y Miguel le estaban mostrando a Hazel que venían algunas situaciones confusas a su vida, pero que ellos le mostrarían el camino. El equipaje que llevaban los arcángeles representaba los problemas de Hazel, le estaban ayudando a llevar su carga.

Hazel se sentía atrapada en las mismas antiguas rutinas en su vida, y esto se reflejaba en su caminar por la rotonda en forma de laberinto. El camino que rodeaba el risco, sobre una montaña, y la selva, eran señal de que, aunque habría algunos obstáculos en su camino, ella tenía que arriesgarse, depender de su fe y emplear la creatividad. Los arcángeles la estaban apoyando y todo lo que ella debía hacer era pedir ayuda, arriesgarse y buscar sus deseos.

Y resultó que la sobrina de Hazel de verdad necesitaba su guía.

Renée soñó que iba en un camión por un camino empinado y peligroso de un risco cerca del mar. Ella sabía por las condiciones del camino que los pasajeros en el camión no iban a sobrevivir. Comenzó a entrar en pánico, hasta que recordó que los ángeles brindan ayuda a cualquiera que la pida. A medida que comenzó a pedir ayuda, el camión se cayó al agua. Renée pensó que los ángeles la habían abandonado y que no habían escuchado su llamado. Se sintió segura de que iba a morir en las negras profundidades del océano.

Cuando estaba segura de su muerte, Renée se dio cuenta de una presencia. El agua ya no era negra, sino brillante como un arcoíris. Cuando vio alrededor, descubrió que su ángel guardián había venido a sacarla. Este hermoso y vibrante ser la sacó de las profundidades, y volaron juntos hacia el cielo nocturno. En las estrellas, otro ángel los esperaba, parecía estar vigilando la misión. Renée se dio cuenta que eran sus dos ángeles guardianes, siempre estuvieron con ella y siempre escucharían su llamado.

El peligroso camino por el que Renée viajaba en su sueño representaba el peligroso camino que estaba tomando su vida en ese momento. Los pasajeros del camión compartían la misma lucha, mostrando a Renée que estaba rodeándose de personas que estaban tomando decisiones peligrosas para ellas mismas. Si no cambiaba, compartiría su trágico destino. El negro océano representaba a Renée zambulléndose en un vacío. Este sueño fue un recordatorio para Renée de siempre pedir ayuda a sus ángeles y de estar abierta a recibir la ayuda que necesitara para cambiar su camino de vida. Incluso si parece que es demasiado tarde, si pides ayuda, los ángeles te escuchan y la vida cambiará para mejor.

Cheryl Ann Savoy soñó que la jalaban por un portal y se encontró volando en medio de un río revuelto. Era difícil ver la noche y el agua le llegaba a las axilas, sabía que tenía que llegar a un lugar seguro. Después de luchar para cruzar el río, encontró una pared de piedra en los límites de este, cuya parte superior estaba al alcance de sus brazos. Recuperando toda su fuerza y determinación, logró trepar la pared y salir del agua.

Más allá del río, Cheryl Ann encontró un bosque. A medida que caminaba por él, se encontró un faro, al que entró instintivamente. Subió la escalera y llegó a una habitación grande. No había nadie ahí, pero parecía pertenecer a un artista. Había caballetes por todas partes con diferentes pinturas y materiales. Entonces, por la puerta, entró un anciano que parecía enfadado. Cheryl Ann supuso que era el artista y le dijo que ella debió haberlo conjurado. Él la vio sorprendido y le informó que debía estar equivocada: *él* la había conjurado a *ella*.

Fue entonces que Cheryl Ann notó a un hombre alto, rubio y hermoso parado en la habitación. Llevaba un abrigo de cachemir y estaba descalzo. Ella sintió su cálida y amorosa presencia y le pasó por la mente que era un ángel. Cheryl Ann se sintió bendecida.

El sueño de Cheryl Ann le estaba diciendo que regresara a sus raíces artísticas y se expresara creativamente de nuevo. La negra noche representaba su necesidad de descubrir sus partes ocultas que estaban dormidas. Los ríos revueltos pueden simbolizar una turbulencia emocional, y la pared de piedra significa que Cheryl Ann había construido defensas alrededor de su torbellino interno. Sin embargo, sus acciones en sus sueños mostraron que tenía la fuerza para vencer la pared de sus defensas emocionales.

El bosque representa que cuando logre vencer sus barreras, ella pondrá los pies en la tierra y su vida se equilibrará. El bosque también representa el camino al crecimiento y el faro era una luz que llamaba la atención de Cheryl Ann. El faro con los materiales del artista, eran un reflejo de su necesidad de seguir expresándose creativamente. El anciano malhumorado era una representación de su ser emocional y de cómo se sentía por no expresar su arte.

John soñaba que estaba en una camioneta con un amigo que manejaba peligrosamente rápido. Iban en un campo de juegos grande lleno de árboles y pasto, y la camioneta esquivó un árbol por pocos centímetros. El amigo de John le dijo que el consejo de la ciudad no cuidaba el campo porque no les importaban los niños.

El consejo solo quería venderlo para obtener una ganancia.

Manejaron entonces a otra parte del campo de juegos. Parado entre una manada de vacas había un hombre vestido de blanco, el hombre saludó a John con la mano izquierda, mientras colocaba la derecha en su corazón. Cuando el hombre saludó, una hermosa luz emanó de su mano. John sabía que este hombre era muy especial y notó que había cuatro figuras paradas junto al hombre y que también los saludaban. Le interesaba mucho saber quiénes eran este hombre y estos seres.

John notó entonces que ya no estaba en la camioneta, sino en un arroyo llenando una botella grande de agua, y el hermoso hombre caminaba hacia él. Ofreciéndole agua, John dijo: "Hola, amigo. ¿Desean tú y tus amigos un poco de agua?". El hombre le dijo a John que no había nadie con él. En ese momento, John se dio cuenta que estaba hablando con Jesús, y que los cuatro seres eran ángeles.

John volaba lleno de energía los días que si - guieron a su sueño. Los ángeles sabían que

John necesitaba un empujón en su vitalidad y espíritu. Jesús y los ángeles le mostraban a John que necesitaba tranquilizarse para ver los eventos importantes que sucedían alrededor de él, como el simbolismo del parque que vendían. El sueño de John le estaba diciendo que Jesús y los ángeles lo apoyaban para hacer algunos cambios ambientales para el bienestar de los niños. Consideró unirse a un grupo que protegiera los derechos de los niños o que llevara agua a los niños en el mundo en desarrollo.

Liam se sentía atrapado en su carrera, pero sentía que no había oportunidades para cambiar. Decidió que aunque no le gustaban muchos aspectos de su vida profesional, incluyendo a sus compañeros, era un buen trabajo. Entonces a Liam le enviaron un sueño que lo hizo cambiar de opinión.

Liam soñó que sostenía su diploma de preparatoria y estaba parado en un camino en la escuela. Frente a él había una bifurcación en el camino y no podía decidir qué camino tomar. El camino a la izquierda se veía como la primavera, había botones de flores, aves volando y gente en bicicleta. El camino de la derecha parecía como si estuviera atrapado en el invierno: había nieve en el piso, la tierra era estéril y había poca gente. Liam se sintió atraído por el camino de la primavera. Mientras caminaba, la alegría llenaba su corazón. Incluso empezó a saltar un poquito. Al despertar, Liam supo qué debía hacer.

Es fácil ver en el sueño de Liam que el invierno representaba su actual situación laboral. El inverno representa un tiempo de incubación, dejar ir lo viejo, morir y la hibernación. Este camino se sentía frío y depresivo para Liam, y supo que era hora de dejar de aferrarse a él.

El colorido y vívido camino de primavera emocionó a Liam, y estaba feliz de haber tomado ese camino. La primavera representa el florecimiento de nuevas ideas, proyectos y oportunidades. Liam sostenía su diploma porque era un símbolo de él "graduándose" de una lección. La había aprendido y ahora era tiempo de avanzar. El terreno escolar representaba este momento de nuevas lecciones y progreso.

Liam estaba listo para un cambio, para abrir las alas y probar nuevas oportunidades. Su sueño le mostró que podía quedarse en el camino viejo e hibernar o probar uno nuevo y florecer.

UNA MANO AMIGA DE LOS ÁNGELES

Los sueños con ángeles son vívidos y poderosos. En ocasiones, la Fuente los usa para enviar un mensaje específico para ayudarnos en una situación problemática.

Jacqueline recuerda a su ángel del sueño desde 1982. Acababa de hacer un depósito a su abogado de divorcio, aunque no le sobraba el dinero, porque necesitaba cerrar ese capítulo en su vida. Jacqueline se preocupó mucho cuando recibió una carta de su abogado diciendo que su depósito no pasaría si su saldo no alcanzaba en la semana.

Esa noche, Jacqueline soñó que despertaba de su sueño. Parada junto a la ventana había una hermosa mujer con un vestido azul claro. Jacqueline estaba sorprendida por la belleza que irradiaba la mujer.

La mujer volteó para verla y comenzó a hablar, pero cuando abría la boca todo lo que Jacqueline escuchaba era el viento. Le pidió a la mujer que repitiera lo que había dicho una y otra vez, pero no escuchaba una palabra de lo que decía. Entonces Jacqueline se dio cuenta que el viento no venía de la mujer, sino de ella.

De pronto, Jacqueline despertó en realidad. Estaba triste y muy decepcionada porque sabía que la mujer tenía un mensaje para ella. Sintió que había despertado antes de poder averiguarlo y pensó en el mensaje todo el día. Cerca del final del día, tuvo el instinto de que la mujer le había dicho que jugara un número de la lotería que había jugado dos semanas antes. Jacqueline casi no jugaba a la lotería, pero sintió una corazonada con ese número, así que pensó en hacerle caso. Decidió jugar el número ese día, ¡y ganó! Tenía casi la cantidad exacta que necesitaba para pagarle a su abogado, con solo $5 de más.

Sabemos que la mujer del sueño de Jacqueline era su ángel de la guarda o su guía de los sueños porque estaba tratando de darle a Jacqueline un mensaje que sería para su mejor bien. El aire o viento, como lo que escuchaba Jacqueline, representa creatividad, nuevos comienzos, ideas nuevas e inspiración. Jacqueline se dio cuenta de que la fuente del sonido del viento venía de *ella*, lo cual era señal de que los medios que necesitaba para un nuevo comienzo vendrían de su propia inspiración. Descubrió una nueva idea que vino a ella en forma del pensamiento de comprar un boleto de lotería. Ganar el dinero era el comienzo para ella, lo que le permitiría continuar el proceso con su abogado para recibir su divorcio y empezar de nuevo.

Como descubrió Carla Jernigan, los ángeles pueden enviar información muy específica, ofreciendo soluciones a problemas que quienes sueñan no se dan cuenta que tienen. Si tu guía de sueños y ángeles sienten que necesitas información, encontrarán la forma de dártela. En ocasiones eligen ser directos, como en el sueño de Carla, donde literalmente fue visitada por los ángeles.

En su sueño, Carla vio siluetas por el rabillo del ojo que parecían figuras humanas cubiertas por colores brillantes. Aunque no tenían alas o se veían como la tradicional representación en las tarjetas de Navidad o en las películas, Carla se dio cuenta que eran ángeles. Sus voces sonaban como suaves ecos a medida que discutían sobre diferentes plantas, flores, hierbas y olores.

Carla se dio cuenta que debía escuchar lo que decían los seres, pero cuando concentraba su atención en ellos se sintió sacada del sueño. Antes de despertar por completo, Carla escuchó a un ángel hablarle muy fuerte y directamente: "Nunca te despiertes sin el olor del junípero".

Carla trató de volver a dormir para obtener más información, pero no lo logró. El mensaje era tan fuerte y claro que no podía ignorarlo, y decidió tomar acción inmediatamente esa mañana. Saltó de la cama, se vistió y fue directamente a una tienda de hierbas a comprar aceite esencial de junípero. Cuando regresó a casa buscó el significado del junípero y descubrió que la información era importante para ella. El junípero significa protección y fertilidad y también ayuda en la purificación y clarividencia. Tal vez los ángeles le decían a Carla que necesitaba abrir su clarividencia o purificar su mente antes de comenzar el día.

Carla sintió que ya estaba en un camino de propósito, iluminación y alegría. Sin embargo, ahora oler el junípero cada mañana le da vitalidad. Así que está agradecida por ese sueño con los ángeles.

Nancy Gravel soñó que estaba en una caverna con unos cristales de cuarzo gigantes que sobresalían de la tierra. Al ver hacia arriba vio un ser magnífico e iluminado que le dijo que era el Arcángel Uriel, su guardián especial que la acompañaba cada día.

El arcángel Uriel le dio a Nancy el mensaje de que los cuarzos eran para ella. Los cristales comenzaron entonces a hablarle, diciéndole que tenían un significado especial en su vida, tratando de darle su mensaje. Al despertar,

Nancy siguió sintiendo una profunda conexión con el arcángel Uriel.

Como en la historia anterior con el mensaje del junípero, este sueño fue muy claro en sus instrucciones. El arcángel Uriel e incluso los cristales le comunicaban a Nancy de forma fuerte y clara que comenzara, sin retraso, a incorporar los cristales en su vida. Al hacerlo tuvo muchas bendiciones inesperadas, y la presencia del arcángel Uriel en el sueño de Nancy le trajo paz a su alma.

CURACIÓN CON LOS ÁNGELES

Los sueños no son una avenida únicamente para recibir mensajes y consuelo de los ángeles. En ocasiones, los ángeles los usan para ofrecer ayuda por medio de consejos terapéuticos e incluso curación física. Cuando Jennifer y su esposo necesitaban ayuda desesperadamente para su hija, no esperaban que sus oraciones fueran respondidas por medio de un sueño.

En el verano de 2010, nació su hija completamente sana. Sin embargo, tres meses después la pequeña comenzó a tener ataques de epilepsia y desarrolló aterradores brotes en el pecho. Llamaron inmediatamente al doctor, quien les informó que su hija tenía un quiste muy grande y posiblemente canceroso. Jennifer comenzó inmediatamente a rezar en busca de una cura. Mantuvo su fe en que su hija se curaría.

Una noche, Jennifer soñó a un hermoso ángel rodeando a su hija de luz curativa. Al día siguiente, durante la evaluación médica, los doctores les informaron que el quiste había encogido. La cirugía ya no sería necesaria hasta que pudieran encontrar la causa.

Después, en 2012, el quiste comenzó a crecer de nuevo. Jennifer estaba aterrada, pero siguió rezando. Justo como había pasado antes, Jennifer tuvo un sueño de ángeles con su hija. Vio a cuatro seres celestiales cargando a su pequeña y jugando con ella mientras la niña reía de alegría. Cuando despertó, encontró a su hija riéndose en sus sueños.

Después de más evaluaciones, Jennifer estaba increíblemente aliviada al descubrir que el quiste había desaparecido por completo y no había regresado. Ahora Jennifer cree firmemente en el poder de los sueños curativos.

Sueños con un ensayo general

Durante los sueños con ensayos generales, los ángeles te llevan por todas las opciones que tienes en cierto momento para ayudarte a resolver el dilema que estás enfrentando. Hurgarás en tus más profundos sentimientos para descubrir las verdades internas que tal vez ignores cuando estás despierto. Cuando tratas de tomar una decisión, estos tipos de sueños pueden ayudarte a averiguar tu curso de acción. A veces, se te enviarán este tipo de sueños incluso cuando no estás consciente que debes tomar una decisión, pero después podrás decidir para hacer un cambio y mejorar tu vida. Al despertar de un sueño con un ensayo general, sabrás claramente qué camino tomar.

Piénsate como un bailarín que se prepara para una actuación. Conoces los pasos, las entradas musicales y la dirección hacia la que entras y sales del escenario. Sabes cómo bailar con tu pareja y cómo se deben hacer las cargadas. Pero no has ensayado con tu traje con tu pareja, en el escenario, con todas las luces y la escenografía en su lugar, así que no tienes una clara sensación de cómo será este baile cuando estén presentes todos los elementos. Por lo tanto, realizas un ensayo general para ver si todos los elementos funcionan juntos en armonía, revisas que tu traje te quede bien, revisas las luces para asegurarte que puedes ver y ser visto adecuadamente, y revisas que tú y tu pareja estén sincronizados. Básicamente estás resolviendo los problemas, asegurándote de que todo salga en la función como está planeado.

Es lo mismo con este tipo de sueños, te estás asegurando de revisar todas tus opciones presentes. En ocasiones, durante el ensayo los bailarines deciden que algo no está bien y quieren cambiar a lo que decidan mejor. Intentan pasos nuevos para ver si funcionan mejor. De la misma forma, puedes cambiar tu camino presente al intentar nuevas opciones en los sueños para ver si te funcionan mejor.

Ellen llevaba siete años en una relación con Brian. Ella realmente quería casarse, pero tenía dudas sobre si él era el hombre correcto con quien pasar el resto de su vida. Sin embargo, le daba pena poder cuestionar la relación en la que llevaba tanto tiempo. Alejando las dudas, siguió con su vida normal.

Una noche, Ellen soñó una boda, *su* boda. Estaba esperando en la entrada de la capilla, preparándose para caminar hacia el altar. Los asientos estaban llenos, pero no conocía a ninguna de las personas. Cuando vio su vestido se paralizó. Estaba ligeramente amarillo y viejo, y odió su estilo antiguo con un cuello abotonado hasta arriba que la asfixiaba.

Ellen comenzó a notar otros detalles sobre la boda que no le gustaron o que no iban con ella. Sobre todo, su prometido no había llegado. De hecho, cuando se dio cuenta que su prometido en el sueño era Brian, empezó a sudar.

Ellen entró en pánico. No había ni un aspecto de esta boda que le gustara, así que comenzó rápidamente a buscar la salida. Cuando vio la puerta, Ellen sintió una brisa helada en la cara. Se sentía refrescante y viva, como la libertad. Pudo ver las flores de colores y la tierra vibrante más allá de la salida. Supo que podía correr y escaparse de esta ceremonia, si quería. Su otra opción era quedarse atrapada en un compromiso que ya no deseaba.

Al despertar, Ellen se dio cuenta que los sentimientos que el sueño del ensayo general le habían dejado eran genuinos. Supo que no era feliz y que no quería comprometerse con la persona con la que estaba. Vio claramente las dos opciones frente a ella, y comprendió a un nivel mucho más profundo cómo su corazón se resistía a liberarse de su actual relación. Necesitaba libertad, y ya no podía ignorar sus sentimientos o su verdad. Debía tomar acción. Cuando aparecen sueños con ensayos generales, nos están diciendo que es hora de tomar una decisión o cambiar un patrón *en este momento*.

SUEÑOS RECURRENTES

Los sueños recurrentes (los que tienes repetidamente cada noche) son para curar o resolver un problema que llevas mucho tiempo ignorando. Cuando una situación pasada que fue dolorosa o traumática no se ha resuelto, tenderás a tener los mismos sueños hasta estar curado. Con frecuencia aparecen cuando tienes un patrón en tu vida que obstaculiza tu crecimiento, tal vez has ignorado el problema o no has sentido que puedes hacer el trabajo que se requiere para curarte. En cualquier caso, los sueños se repetirán mientras continúes ese patrón, así que toma nota. Pon atención a lo que te están diciendo tus sueños y a lo que está pasando en tu vida durante el periodo en que los tienes.

Seguir teniendo el mismo sueño puede ayudarte a liberar los miedos que te han estado retrasando. Tu guía de los sueños y tu ser superior te traerán una preocupación y te permitirán acostumbrarte a ella. Si tuvieras que lidiar con ella en tu vida diaria, tal vez evitarías el tema, pero cuando tu mente consciente se quita del paso, te sientes listo para manejarla. Los escenarios comunes de llegar tarde a un evento importante o aparecer desnudo en la escuela, son buenos ejemplos de cómo te ayudan a trabajar las inseguridades.

Estas narraciones en particular representan un miedo a revelar demasiado de ti a los demás o ser conocido a un nivel más profundo.

Los sueños recurrentes también pueden servir como advertencias. Por ejemplo, yo (Doreen) soñaba continuamente con un hombre que entraba en mi habitación y robaba mi bolsa. Después me di cuenta que alguien muy cercano a mí estaba malversando dinero. En cuanto recibí el mensaje y detuve el fraude, los sueños terminaron.

Pide a tus ángeles guardianes que te ayuden a descifrar los sueños recurrentes y lo harán.

Eileen ha estado teniendo sueños recurrentes durante algunas décadas. En ellos, se encuentra en una cueva profunda y oscura. Quiere liberarse por la puerta que está entre ella y la cueva, pero no puede. Se siente succionada hacia la apertura como por la gravedad, y a medida que se acerca más, se vuelve más temerosa.

Pero antes de que Eileen pueda llegar a la entrada, una legión de ángeles llenan la oscuridad de la cueva con luz. Eileen encuentra que tiene la capacidad de volar y dirigir la energía de sus palmas para mover objetos. Aunque sabe que puede usar esta energía para romper la puerta, nunca lo hace. Los ángeles le dicen que está bien, que no debe destruir esa barrera. Eileen se da cuenta entonces que está en su casa de la niñez. Los sueños siempre acaban con ella volando para curar o rescatar a alguien. Siente que no puede hacerlo hasta que los ángeles vengan con ella, y ellos siempre lo hacen.

La cueva en el sueño de Eileen representa su ser interior. En la mayoría de los sueños una casa o edificio significan tu ser o cuerpo interior (considera cómo el cuerpo "alberga" tu ser). Eileen tiene miedo de ver lo que hay dentro de ella y el trabajo que debe hacer para despejar lo que ya no le sirve, como recuerdos reprimidos o sentimientos despectivos sobre sí misma. Pero su ser superior trata de jalarla a que se preocupe por ella, representado por la gravedad que la jala hacia la cueva. La puerta es la barrera de Eileen que detiene el trabajo de su ser más profundo.

Los ángeles ayudan a iluminar su trabajo interno y una vez que Eileen puede ver claramente, no hay miedo. De pronto se da cuenta de su poder y tiene la confianza para trascender sus barreras. Ella reconoce que puede curar sus problemas, pero que necesita hacerlo a su propio tiempo. Estar en su casa de la niñez representa los sentimientos de seguridad y su deseo de sentirse tan segura como se sentía entonces.

La última parte del sueño de Eileen simboliza su deseo de ayudar a otros, con el conocimiento de que no puede hacerlo sola. Antes de poder darle a los demás, debe ayudarse a sí misma pidiendo ayuda a los ángeles. El sueño recurrente de Eileen le recuerda que los ángeles siempre la están protegiendo. Se le mostró que con su ayuda puede hacer lo que sea. Después de todo, los ángeles son una extensión de la Fuente.

Capítulo seis

Sueños proféticos y con vidas pasadas

★·¥·★·¥·★·¥·★·

Como hemos dicho, en los sueños no estamos restringidos a cierto lugar o tiempo. Los sueños con vidas pasadas y los sueños proféticos son dos formas especiales de viajar en el tiempo para aprender valiosas lecciones para el presente.

SUEÑOS CON VIDAS PASADAS

El sueño es una forma en que puedes explorar vidas que tuviste en otro tiempo. Comprender quién fuiste una vez y cómo actuabas entonces puede ayudarte en una situación que tengas en el presente. El objetivo de los sueños con vidas pasadas es curar traumas emocionales, recuperar un regalo o talento que dejaste en tu vida pasada y curar los miedos o relaciones sin explicación.

Los sueños con vidas pasadas son divertidos de explorar. Con frecuencia estarás en un lugar que nunca has visitado en tu realidad, sin embargo, te parecerá tan familiar como tu casa. Si eres llevado a un país extranjero como Malta, Perú o Egipto, es posible que alguna vez hayas vivido ahí. Mira a tu alrededor en tu sueño y recoge pistas sobre el periodo, así como sobre el país. Tal vez notes que la ropa que llevas pertenece a un área diferente, como un vestido victoriano o una capa medieval. Igualmente, si observas algún edificio, costumbres inusuales o cualquier otra cosa extraña para tu vida, trata de recordar estas características para que puedas buscar información al respecto después. Por ejemplo, el idioma que hablas puede ya no existir, pero tendrá perfecto sentido para ti. Al despertar, toma notas en tu diario y haz una grabación de audio de todas las palabras o fragmentos de oraciones que recuerdes.

Durante un sueño con vida pasada te verás diferente físicamente, pero tendrás algunas cualidades similares a tu yo presente. Por ejemplo, tal vez tus ojos se vean iguales, pero tu cabello tendrá un color y largo diferentes. Cuando veas a otros tal vez reconozcas a las personas por sus ojos, tal vez, pero no por ningún otro aspecto de su apariencia. La persona puede ser un familiar, pareja romántica, maestro o conocido.

Normalmente cuando tienes un sueño con vidas pasadas, este tiene uno de los siguientes propósitos:

Curación de relaciones: Tal vez tengas una relación de una vida pasada que debas curar, y por ello estás teniendo este sueño. Curar este problema normalmente requiere que tengas la intención consciente de perdonarte y perdonar a la otra persona por el dolor pasado. Por medio del perdón equilibras el karma y rompes la rueda de la reencarnación para no tener que seguir cruzando caminos y experimentando conexiones con esta persona. Un sueño también puede ayudarte a recordar tu misión en la vida, así como cualquier acuerdo que hayas hecho con otras almas antes de tu actual encarnación.

Recuperación de habilidades: Tal vez tengas habilidades desarrolladas en vidas previas y que te serían útiles ahora. Tal vez nunca has confiado en tus capacidades en cierta área. Cuando ocurre un sueño con una vida pasada, es para recordarte tu verdadero poder y competencia. Por ejemplo, si eras una doctora en una encarnación previa y ahora necesitas un conocimiento de curación, soñarás con ese periodo. Cuando estés despierta, recordarás esas capacidades y tendrás la confianza para usarlas de nuevo en esta vida. También ganarás claridad y valor.

Recuperación del alma: Imagina un jarrón de vidrio que cae, se rompe en pedazos y queda por todas partes. De igual forma, el alma de las personas se puede "fragmentar", normalmente debido a un evento traumático o importante. Cuando las piezas se quedan en otra vida, puedes regresar a esa vida por medio del sueño para recuperar ese pedazo de tu alma que se quedó atrás. Esto se llama *recu-*

peración del alma: integrar una parte de tu alma de nuevo a tu todo. Esto es un proceso de curación intenso, que se puede lograr por medio de los sueños con vidas pasadas.

ROMPECABEZAS DE VIDAS PASADAS

Es importante notar que el siguiente sueño no es simbólico, sino literal. Ellie Topley verdaderamente viajó a este lugar sagrado para recordar quién era y el conocimiento que necesitaba recuperar.

En el sueño de Ellie no había techo o paredes, solo cielo, lleno de estrellas. Había un hombre apuesto y bien formado parado tras un escritorio. A Ellie le parecía angelical y de otro mundo; aunque parecía estar en sus 30, ella sentía que era muy sabio y antiguo. Sus ojos parecían cambiar entre el brillo y la oscuridad mientras sonreía. Cuando ella se sentó en su escritorio, él comenzó a señalarle las constelaciones.

El hombre angelical descansaba su mano izquierda en un libro antiguo. Ellie trató de ver la portada, pero solo lograba ver las letras *Grae...* Cuando él notó su mirada, cubrió las letras restantes. Entonces le dijo cálidamente, "Te he conocido y amado, EL' Izeh". Cuando Ellie despertó de su sueño, una constelación en particular seguía firme en su mente, e inmediatamente la dibujó en su diario.

En el sueño de Ellie, ella viajó a un plano astral y recibió algunas piezas de un rompecabezas para una vida que un día necesitaría recordar. El hombre seguramente no era un ángel, sino un guardián de Ellie a quien había conocido en muchas vidas. En lugar de darle mucha información de una sola vez, él parecía estarle dando un mensaje de una vida pasada en pedacitos y piezas para que no se abrumara.

Las constelaciones pueden ser un recordatorio para Ellie de cuál era su origen antes de venir a la tierra. El libro era probablemente uno que ella conocía, y que estaba lleno de información útil. El hombre, sin embargo, le permitió ver un poco antes de cubrir las letras restantes. Toma tiempo absorber información poderosa o que pueda cambiar tu vida, así que nuestros ángeles y guías de los sueños desglosan y espacian el mensaje para que lo podamos asimilar más fácilmente. Quieren que hagamos algo de la tarea al darnos tiempo para pensar y averiguar algo de lo que aprendimos.

DESPEJANDO BLOQUEOS DE VIDAS PASADAS

A veces los ángeles nos piden que recurramos a nuestro poder para protegernos. Ellos nos apoyarán y guiarán cuando lo hagamos, para que entendamos nuestra fuerza y confianza. Irene Saucier recibió un mensaje celestial en sus sueños para resolver problemas de su pasado y poder continuar su trabajo curativo.

En el sueño de Irene, ella estaba parada en una colina en una batalla, su cabello largo se movía con el viento. Llevaba puesta una armadura antigua con una sólida pechera y sandalias que cubrían sus piernas, sostenía una espada en su mano derecha y un escudo en la izquierda. Un amigo estaba junto a ella, llevaba la misma armadura y una capa color carmesí. Ella tuvo la impresión de que era el general.

Con su amigo a su lado, Irene comenzó a correr hacia abajo en la colina. Se sintió muy fuerte y con una inmensa energía a medida que cambiaba la espada de la derecha a la izquierda, despejando el camino del enemigo. No veía las caras reales de los enemigos, solo sentía su presencia; repetidamente golpeó hasta que había un camino amplio y despejado.

Luego un vehículo se acercó a Irene y su amigo. El vehículo era una mezcla de carroza y auto antiguo, se detuvo frente a ellos y un ángel con cabello dorado y una pechera de oro bajó la ventana del vehículo. Mirando a los dos amigos, les dijo que su camino estaba a salvo y que podían continuar su viaje. Irene reconoció a este ángel como el arcángel Gabriel mientras ella y su amigo caminaban por el camino despejado para continuar con su trabajo.

Aquí, la ropa señala una vida pasada en la antigua Roma. Parece que Irene tenía algunos asuntos no resueltos en una vida anterior. Necesitaba resolverlos antes de poder continuar su viaje, representado por despejar a los enemigos de su camino. Es probable que Gabriel y su guía del sueño hayan sentido que necesitaba abrazar su poder para terminar con este problema que la estaba bloqueando. Usaron la vida como guerrera romana de Irene para recordarle lo fuerte y confiada que había sido antes. Así que esto es un ejemplo de un sueño de vida pasada para recuperar habilidades.

En el sueño de Irene, ella sintió que el "enemigo" la rondaba, aunque no podía verlo. Es posible que haya sido herida haciendo su trabajo en otra vida o en esta vida romana. Tal vez por eso el arcángel Gabriel trataba de alentarla a despejarla pero también podría ser otro problema emocional, mental o espiritual. Cualquiera que sea el caso, el progreso y crecimiento de Irene estaban bloqueados. Si revisara su vida presente en busca de patrones repetidos, descubriría cuál podría ser este problema no resuelto. Es una condición que puede presentarse a través de muchas de sus vidas.

Sueños proféticos

Los sueños proféticos te muestran el futuro y pueden involucrar situaciones personales o globales. Con frecuencia se sienten muy reales, como si estuvieras despierto, y las imágenes que ves pueden ser simbólicas o literales. Contienen mensajes para curar, cambiar una situación o enviar oraciones.

Para discernir si tu sueño es profético, nota si ocurren una o más de los siguientes:

- En el sueño tus sentidos se agudizan. Los colores y emociones son vívidos e inolvidables.

- Ves cosas en grupos de tres, como tres anillos, tres globos, o tres personas paradas frente a ti.

- Ves objetos o formas circulares, como una mesa redonda, gente parada en un círculo o un tambor.

- Despiertas con la certeza, una profunda intuición, de que el sueño se cumplirá.

  En otras palaras, sabes sin duda que se hará realidad.

Si tienes un sueño profético sobre ti mismo, te está preparando para lidiar con una situación o te está alertando para que tengas tiempo para cambiar el resultado. Es importante entender el momento de un sueño profético. Puede pasar un día, una semana, un mes, un año o incluso más para que veas que se vuelve realidad, y si has trabajado en la situación tal vez *nunca* se vuelva realidad.

En ocasiones la información que recibes en un sueño profético no debes compartirla, como en una situación en la que no puedes hacer nada. En estas circunstancias, la razón del sueño profético es que envíes oraciones a la situación o a la persona con la que soñaste.

Por ejemplo, cuando yo (Doreen) estaba en la universidad en los años 80, tuve un claro sueño de gente comiendo queso y enfermándose. Al día siguiente lo mencioné a una compañera, la chica jadeó y dijo que acababa de oír en las noticias que había una confiscación masiva de queso contaminado, y yo no había leído o escuchado las noticias ese día. Como no podía hacer nada en esta situación, sabía que fue un sueño que me pedía que rezara por la gente. (Deje de comer queso unos años después).

Igualmente, mi hermano Ken soñó claramente que el Challenger explotaba la semana antes de que sucediera. Por supuesto, él no podía hacer nada al respecto. Cuando soñamos con historias de las noticias antes de que suceda, es claro que se supone que debemos rezar para que todos los involucrados sean elevados hacia la luz.

PROFECÍAS DE LOS ÁNGELES

A veces los sueños son proféticos porque un ángel o guía le está diciendo a quien sueña el resultado de una situación. Aunque estos sueños son raros, sí suceden.

Carolina López Aregullin necesitaba confirmar que todo iba a estar bien, así que pidió una señal del Cielo. Esa noche, soñó con un tornado que iba hacia su casa. Se apresuró a refugiarse con su esposo e hijo, y de pronto tuvo la necesidad de mirar por la ventana. Ahí vio un ángel blanco y brillante. Carolina sintió que esto era la belleza Divina mientras veía las alas, la túnica blanca y el cabello café y largo del ángel.

El ángel llevaba una mujer anciana en una silla de ruedas. Ella tenía grandes ojos azules y cabello blanco, y parecía conocer a Carolina. Carolina se sintió en trance mientras miraba a la mujer y al ángel, aunque su marido seguía gritándole que debía alejarse de la ventana. Entonces, justo cuando el tornado estaba a punto de golpear su casa, salió el sol. El tornado se había ido. El ángel de Carolina y la mujer también se habían ido.

El sueño de Carolina fue un mensaje para asegurarle que todo estaba bien en una situación por la que se preocupaba. Su ángel guardián le recordaba que debía tener fe y confianza en su guía, incluso cuando otros alrededor de ella puedan tener miedo. La salida del sol después de la tormenta representa un nuevo comienzo, esa luz siempre brillará después de la oscuridad. Carolina sabe ahora que tiene apoyo incluso en situaciones estresantes y aterradoras, como lo representaron el ángel y la mujer parados en la tormenta. (La mujer podría ser un ancestro.)

Carolina está feliz sabiendo que incluso en las peores circunstancias, sus ángeles siempre están con ella.

Connie recuerda su sueño de esperanza y paz cuando estaba teniendo problemas en su vida.

Soñó que había una nube oscura que comenzaba a moverse de manera inusual en el cielo. A medida que Connie observaba, la nube se unía a una parvada de aves negras, que seguían volando en los mismos patrones que la nube. Entonces, una a una, las aves negras comenzaban a transformarse en una parvada de palomas blancas, también volando en el mismo patrón. Finalmente, una a una, las palomas se transformaban en ángeles. Los ángeles cantaban mientras rompían el patrón y volaban en todas direcciones por el cielo.

En los sueños, los ángeles son simbolizados muchas veces por aves. Las aves negras denotan transición o manifestación. Las palomas representan la gracia, la paz y la esperanza. En el sueño de Connie, los ángeles le mostraban que la esperanza y la paz llegarían a ella en la situación que le preocupaba.

Capítulo siete

Visitas de seres queridos difuntos

✳✱✷✳✱✷✱✷✱✷✱✷✱✷✳✱

Los seres queridos que han fallecido, incluyendo a familiares, amigos y otras personas que conoces, pueden comunicarse contigo por medio de los sueños. El objetivo de estos sueños es enviarte un mensaje de curación, comodidad, perdón, apoyo, guía y conexión. Las imágenes que ves en estos sueños pueden ser simbólicas y otras se deben tomar literalmente. En otras palabras, en ocasiones verás símbolos que te ayudarán a entender sus mensajes, y otras veces simplemente verás o escucharás su mensaje directamente.

Cuando el fallecido aparece en tus sueños, *verdaderamente* te está visitando. A veces vienen a despedirse antes de dejar el reino terrenal. Si encuentras a un ser querido fallecido con quien no tuviste una relación sana, la persona normalmente está pidiendo tu perdón y quiere enmendar las heridas del pasado.

De hecho, el doctor Ian Stevenson de la Universidad de Virginia, realizó muchos estudios sobre experiencias cercanas a la muerte y visitas de los difuntos en los sueños. Sus conclusiones fueron que la conciencia humana sobrevive a la muerte del cuerpo físico y que nuestros seres queridos fallecidos realmente nos visitan en nuestros sueños.

Los arcángeles Miguel y Azrael ayudan a los fallecidos a conectarse con nosotros durante los sueños. El arcángel Azrael vigila el fallecimiento de los seres queridos y se conoce por ayudar a la gente en la transición de una vida a la siguiente. Los ángeles guardianes también llegan en nuestros sueños para facilitar nuestra comunicación con nuestros seres queridos. No veremos a esos ángeles en estos momentos, pero siempre están ahí.

Hemos escuchado muchas historias de personas visitadas por sus seres queridos difuntos. Esperamos que las siguientes historias te den paz y esperanza.

Heather Hansen se encontró y habló con un querido amigo que había muerto hacía más de 19 años en un sueño. Aunque Heather no recuerda las palabras exactas de la conversación que tuvieron, sí recuerda haberse sentido ansiosa en un ambiente lleno de gente antes de encontrarlo. También recuerda la maravillosa calma y serenidad que siguieron a su visita. Cuando Heather despertó, estaba revitalizada por la experiencia.

Unos días después que Summer supo que el compañero de cuarto de su padre, Gordon, había muerto, comenzó a tener sueños sobre él. En un sueño importante, ella estaba sentada con Gordon en un patio, platicando. Él la llevó dentro del departamento, y le dijo a Summer que necesitaba irse, le dio un abrazo antes de que el arcángel Miguel se lo llevara por las escaleras.

Gordon necesitaba despedirse de Summer por propósitos curativos. El arcángel Miguel los reunió para que se pudieran abrazar. El hecho de que Gordon la llevara del patio al interior del departamento significó su transición. Subir las escaleras con el arcángel Miguel representó a Gordon ascendiendo a otro lugar, algunos lo llamarían el Paraíso.

Diane estaba rezando para pedir que su sobrino, que había muerto recientemente, estuviera rodeado de ángeles. Esa noche, tuvo un claro sueño con su sobrino sentado en una celebración rodeado de gente amorosa que llevaba ropa blanca que flotaba.

Diane sabe que los ángeles le estaban mostrando que estaban con su sobrino. El sueño fue una confirmación de que sus rezos habían sido respondidos.

Joanne perdió a su hermano Patrick en julio de 1992, tenía 20 años. Joanne había sido como una madre para Patrick y siempre se preocupó por él. Un mes después de su muerte, ella se despertó de lo que pensó que era un sueño. Patrick estaba sentado en la orilla de su cama y le sonreía. Le dijo: "No te preocupes, Wanny, estoy bien". (Wanny era como Patrick le decía). Se acercó para abrazarla y desapareció. Para Joanne lo que pasó en su sueño se sintió real.

Unos días después, una amiga de Joanne, Pam, decidió que Joanne necesitaba salir una noche para alegrarse. Incluso en su dolor, Joanne pudo notar que algo le molestaba a su amiga. Finalmente, Pam habló. Le dijo que hacía algunas noches se despertó de un sueño para encontrar a Patrick sentado en la orilla de su cama y le dijo: "Dile a Wanny que estoy bien". Y se fue.

Pam había tenido miedo de decirle a Joanne porque muy poca gente sabía cómo le decía Patrick, sentía que ella necesitaba escuchar el mensaje, pero no supo sino hasta ese momento que recibieron el *mismo* mensaje. Las amigas se rieron y lloraron todo el camino hasta su destino.

Patrick sabía que su amada hermana necesitaba que él la consolara, y encontró la forma de asegurarse de que recibiera el mensaje, dos veces.

Sherree perdió a su hermano, Craig, hace ocho años; él tenía 29 años. Craig la pasó muy mal antes de morir. Un año después de su muerte, Sherree tuvo un sueño increíblemente vívido.

En el sueño, Sherree estaba de vacaciones en un lugar que no le era conocido. Como hacía calor, había dejado a su familia dentro de un restaurante mientras ella salía a tomar aire fresco. Cuando Sherree caminaba hacia la puerta, notó a una chica muy hermosa de pelo largo y rubio sentada en el piso. Caminando hacia ella, Sherree le dijo que era el ser más hermoso que había visto.

La chica se levantó y le sonrió. Fue entonces que Sherree se dio cuenta lo increíblemente alta que parecía la chica. Medía más de los 1.76 metros de Sherree, lo que la hacía medir al menos dos metros. La cariñosa chica dijo: "Sherree, te tengo una sorpresa".

Sherree volteó para preguntar cómo sabía su nombre, y ahí estaba Craig. Se veía fantástico, como había sido antes, incluso se veía más joven. Las lágrimas empezaron a caer sobre las mejillas de Sherree mientras llamaba a su papá, quien no creía en la vida después de la muerte. Quería decirle a su papá que viera a Craig vivo y bien.

Este sueño le dio a Sherree mucha paz, porque siempre tuvo mucha fe en los ángeles y en su conexión con el Espíritu. Ella cree que esa hermosa chica era el ángel guardián de su hermano. Nosotros también.

Rachel y su amigo, a quien llamaremos Tim, fueron extremadamente cercanos durante la preparatoria y la universidad. Rachel sentía que siempre tuvieron un vínculo especial, siempre sabían lo que el otro estaba pensando.

El mes después de que se graduaron, ambos amigos pasaron por transiciones en sus vidas. En junio de 2003, Rachel quedó embarazada y Tim perdió a su hermano menor en un accidente. Los dos amigos se ayudaron en todos estos momentos alegres y difíciles. Años después, Tim murió y Rachel sintió una profunda pérdida y después tuvo un sueño en el que pudo despedirse de Tim.

Su sueño sucedió en el presente, y ella y Tim estaban juntos en la universidad. Tim siempre le decía a Rachel que se iba a ir para estar con su novio. Rachel podía sentir el dolor en su corazón a medida que se acercaba la hora de que él se fuera. Se aferró a Tim, lo abrazó fuerte para que supiera que lo quería. Entonces miró hacia abajo y vio un pequeño ángel de metal con un vestido rojo, sonriéndole desde el paso.

Despertando de su sueño, Rachel podía sentir aún el calor en su corazón por el abrazo de Tim. Se dio cuenta que necesitaba darle un abrazo tanto como él necesitaba recibirlo. También supo que el ángel era una señal, para confirmarle que realmente había visitado a su mejor amigo.

Los seres queridos que se han ido pueden visitarnos más de una vez para ayudarnos, consolarnos y apoyarnos. Jeri Stith tuvo muchas visitas de su mejor amiga, Kathy, que había muerto diez años antes de un aneurisma cerebral repentino a los 44 años, en sus sueños.

Kathy era una mujer hermosa con cabello negro y ojos tan profundamente azules que su intensidad en ocasiones sorprendía a Jeri. Sin embargo, la humildad de Kathy era incluso más sorprendente que su belleza. Con frecuencia hacía actos amables en secreto, y tenía una habilidad natural para dar consejos y una espiritualidad enorme.

Su abierto corazón siempre se asombraba con Dios y la naturaleza. Disfrutaba hacer cosas como señalarle a Jeri la importancia de ciertos números, como la dirección de la pequeña iglesia de 100 años de antigüedad (111), así como otras combinaciones de los números 7 y 11 en las placas y los relojes. Kathy también abrió la conciencia de Jeri hacia el significado espiritual de las plumas. Para Jeri, Kathy vibraba con la vida. Uno puede entender la devastación que sintió Jeri con la repentina muerte de Kathy.

Una calurosa noche de julio, un mes después del trágico evento, Jeri y su hijo dormían en el patio cuando ella tuvo un vívido sueño sobre una pared de luz brillante que parecía moverse como el agua. En su sueño, Jeri estaba esperando a Kathy junto a la pared para ir a la iglesia y a Kathy se le había hecho tarde. Jeri se sentó pacientemente a esperarla, como siempre hacía, y entonces la vio; estaba radiante. En ese momento, Jeri se dio cuenta que la pared de luz que veía era el Espíritu Santo. Cuando despertó estaba eufórica y supo que Kathy estaba perfectamente bien. Jeri sintió paz por la visita de Kathy durante su sueño.

En otra ocasión, Jeri soñó que ella, su novio y Kathy estaban sentados juntos en una tribuna. Kathy señaló que mientras Jeri se tomaba de las manos con su novio, él estaba usando secretamente su mano para tomar la de otra chica. Kathy seguía buscando a Jeri para decirle que su novio le era infiel.

En un tercer sueño, Jeri vio a Kathy aso-
mándose por una esquina de una cocina. Ella
siente que era la forma de Kathy de cuidarla. Y
en un cuarto sueño, Kathy llevaba a Jeri a una
habitación para advertirle que no dejara a su
hijo solo con un posible abusador de menores.

Jeri siente que Kathy es una de sus ángeles
guardianes que la ha cuidado a ella y a su hijo
los últimos diez años. De hecho, poco después
de la muerte de Kathy, cuando Jeri estaba parada frente a una cafetería, vio hacia abajo y
encontró una hermosa pluma blanca. Era la
tarjeta de Kathy.

Los seres queridos difuntos nos pueden visi-
tar para decirnos por qué se fueron, como
descubrió Ashlea. En su sueño, Ashlea estaba
sentada con su abuela en la sala. Con lágrimas
en los ojos, Ashlea caminó hacia la cocina,
dejando atrás a su abuela. Cuando regresó a
la sala, vio a su abuela inconsciente en su silla,
con su espíritu parado frente al cuerpo. Su
espíritu parecía blanco, con un brillo dorado

y alas sutiles. Ashlea sintió como si estuviera atrapando a su abuela, quien trataba de irse de nuevo, después de haber regresado del Paraíso.

Ashlea se sintió desesperada y le pedía a gritos que se quedara. Pero la anciana solo la veía con la misma mirada que ponía cuando pensaba que Ashlea estaba pidiéndole demasiado. Ashlea notó lo cansada que se veía y supo que la respuesta de su abuela era no. Girando, el espíritu se fue.

Ashlea despertó sintiéndose renovada. Sintió como si realmente hubiera visto a su abuela, y de hecho la vio. Ashlea siente que su sueño con su querida abuela no deja duda de que ella está en paz en el Paraíso. Ahora sabe que era momento de que su abuela se fuera, para poder descansar.

El esposo de Irene murió hace 32 años a los 29 y la visita frecuentemente en sus sueños. Este sueño en particular le dio a Irene el raro regalo que siempre había deseado.

En el sueño de Irene ella y su esposo estaban vestidos de blanco, e Irene llevaba flores en su largo cabello. La sensación de ternura entre ellos era muy fuerte y se tomaban las manos mientras caminaban por un campo. Había enormes robles de ambos lados del camino que daban una deliciosa sombra refrescante. La pareja sentía la tierra bajos sus pies descalzos. Olían el pasto, la tierra húmeda y las flores.

A medida que caminaban, se encontraban otras parejas vestidas igual que ellos y que se tomaban de las manos mientras caminaban por el mismo lugar. Cuando avanzaron empezó a haber más gente, la atmósfera provocaba una emoción similar a la que hay en un concierto.

Al voltear la esquina vieron un enorme edificio similar al Coliseo, igual a la arquitectura antigua romana, pero con un toque moderno. Todos comenzaron a caminar por los pastos verdes que llevaban al edificio. La gente aumentaba y las parejas fueron apartadas. Debido a que la gente los empujó, el amado esposo de Irene giró bruscamente a la izquierda, vio sobre su hombro a Irene, dándole una mirada de seguridad.

Cuando Irene entró en el Coliseo, giró a la izquierda, donde aún podía ver a su esposo caminando. De pronto, un hermoso ángel bloqueó su camino y le dijo que era hora de ir en otra dirección. Irene notó que el ángel era dorado de pies a cabeza: ondas largas y doradas de cabello, alas doradas y una larga capa color dorado. Sus pies estaban descalzos y llevaba un báculo dorado en una mano.

Cuando Irene despertó inmediatamente entendió que había visto un pedacito del Paraíso. Se dio cuenta que se había permitido tener un momento de ternura con su marido. En ese momento, Irene supo que los que se fueron a la derecha cuando las parejas se separaron eran quienes debían regresar a la tierra.

Animales difuntos

Las visitas de los difuntos también pueden incluir a nuestras amadas mascotas. Con frecuencia los animales quieren apoyarnos, darnos confianza o simplemente saludarnos. Tu guía de sueños, junto con el arcángel Ariel y tu ser superior, arreglarán estas juntas para ti y tu querida mascota en los sueños. El arcángel

Ariel es un protector de los animales y los ayuda a cruzar.

Al igual que con las personas, cuando tus mascotas te visitan en sueños, de verdad están ahí contigo, diciendo que te aman. Quieren que sepas que están sanos y felices, y que quieren que tú lo estés también.

Geraldine perdió a su querido perro de diez años, Brazen, por una agresiva enfermedad. En cuestión de cuatro días, Geraldine tuvo que tomar la difícil decisión de dormir a su perro. Fue un momento muy difícil para ella, ya que Brazen era su alma gemela y su más grande maestro. Al momento de su muerte, el perro pesaba 22.2 kilos, después de esto, siempre que ella veía el número 2 pensaba en su pérdida.

En víspera de año nuevo, aunque Geraldine estaba sufriendo, ella y su marido salieron a cenar. Al revisar su abrigo en el restaurante, Geraldine notó que la etiqueta tenía el número 22. Supo que era la forma de Brazen de decirle que estaba celebrando con ella y su esposo.

Geraldine no tardó mucho en darse cuenta que Brazen se había vuelto su guía espiritual. El perro aparece en los sueños de Geraldine para enviarle mensajes.

Una noche, Geraldine soñó que Brazen la veía en un colorido paisaje. Ahí el perro corría libremente con otras hermosas criaturas. El lugar estaba lleno de vida y amor. Otra noche, Geraldine soñó que Brazen les mostraba un lugar entre el finito y el infinito. Durante sus visitas en sueños, Geraldine siente una abrumadora sensación de conocimiento y comprensión. Geraldine extraña la presencia física de su perro todos los días, pero incluso en la otra vida, Brazen sigue siendo su más grande maestro.

En enero de 2002, después de hablarlo con su veterinario, Ellen tomó la difícil decisión de someter a eutanasia a su enfermo perro de diez años. A pesar de que Ellen estaba convencida que era lo correcto, sufrió después un enorme dolor, lloraba todo el día e incluso cuando dormía.

Una noche, Ellen soñó que estaba en el Paraíso y su amado perro estaba ahí. Le pidió que le confirmara que estaba verdaderamente en el Paraíso dándole una señal. Ellen pidió que la señal fuera el viento soplando. Después de un momento, Ellen escuchó el soplar del viento. Se sintió muy contenta por la confirmación de que su perro estaba seguro. Ellen se despertó a la mañana siguiente y sintió como si alguien hubiera tronado los dedos y hubiera alejado el dolor, ¡se había ido por completo!

El esposo de Ellen le dijo que la había visto llorar mientras dormía y que notaba que hablaba con alguien, con los ojos aún cerrados. Ella inhaló profundamente, exhaló y se giró, antes de sumergirse en un reparador sueño de nuevo.

Unos días después, Ellen visitó a su abuela Betty en un asilo. Ellen esperaba que la regañara por sentir tanto dolor por un perro, especialmente porque tres de los hijos de Betty habían muerto muy jóvenes. Ellen le dijo sobre su extraño sueño y repentina curación de su intenso dolor. Betty compartió con ella entonces su propio dolor y curación.

A finales de los años veinte, la hija de dos años de edad de Betty murió de quemaduras después de haber caído en una cubeta usada para lavar la ropa. Betty estuvo en duelo muchos meses, y una noche soñó con su hija. En su sueño, vio a su pequeña hija marchando en línea con otros niños. Betty lloró por su hija, quien la regañó y le dijo: "Detente, me estás retrasando". Cuando Betty despertó, su dolor se había ido.

Cuando Betty compartió su sueño con su nieta, estuvieron seguras de haber tenido una experiencia curativa que no era de este mundo.

Capítulo ocho

Pesadillas

✱✦∗✦✱✦✱✦✱✦✱

Las pesadillas suceden cuando tu energía está agotada, cuando estás extremadamente cansado, o cuando tu vibración es baja. Cuando esto pasa, en lugar de caminar por un portal hacia un lugar con una vibra más alta durante el sueño, caminas hacia un lugar de baja vibración, negativo y aterrador donde residen tus miedos.

Cosas como videojuegos violentos, la televisión e historias en los periódicos pueden influir en ti, lo que a su vez influye en el lugar al que viajas por las noches. Tu campo energético baja cuando ves o participas en cualquier tipo de actividad violenta, y eso abre portales a estados de sueño más bajos que llamamos pesadillas. Estos estados de sueño más bajos contienen la negatividad, los miedos y otras energías más oscuras. Irás a este lugar durante el sueño porque te has vuelto vulnerable al permitir que estas energías negativas permeen tu bienestar mental, emocional y espiritual.

Es importante estar libre de energías negativas durante la vida, también es vital que limpies tus campos energéticos y los sutiles cuerpos energéticos, así como tu cuerpo físico, para que esté equilibrado, sano y en sintonía con las vibraciones de energía más alta que te permiten crecer, progresar y crear la vida que deseas para el máximo bien de todos los involucrados.

Si te descubres teniendo una pesadilla puedes estar seguro de que estás protegido. Tu guía de sueños y ángeles, como el arcángel Miguel, te ayudarán a salir de ese sueño aterrador. En ocasiones, la gente es curiosa y quiere entrar al reino de las pesadillas para ver un poco. Por supuesto, rápidamente se dan cuenta que quieren irse. De nuevo, el arcángel Miguel, junto con sus guías de sueños, los rescatarán.

Otros caen en este reino cuando se sienten enfermos, ya que están mental, emocional y físicamente vulnerables en su estado alerta. Claro que su guía de sueños y el arcángel Miguel los ayudarán a salir también.

El arcángel Miguel es una luz protectora y guía, con frecuencia trabaja con tu guía de sueños cuando necesitas protección y apoyo. También puede actuar como guía durante los sueños para mostrarte qué opciones te traerían el mayor beneficio. Cuando te vayas a la cama, llama a tu guía de sueños y a cualquier otro ser de amor y luz para que te protejan durante tus viajes.

Jennifer soñó que iba viajando y necesitaba hacer una parada en la noche, cuando se encontró con una casa blanca de dos pisos. Aunque no había letrero, Jennifer supo que podía conseguir una habitación para pasar la noche. Detuvo el auto, entró a la casa y llevó su equipaje a una habitación grande que estaba arriba.

Cuando entró a su habitación, se sorprendió al encontrarla completamente vacía. Una sensación extraña la invadió, pronto giró para salir, pero la puerta se azotó, una llave cerró la puerta, dejándola encerrada. Jennifer sintió miedo.

De pronto, Jennifer notó que estaba soñando, sabía que ella podía cambiar sus circunstancias en su sueño y manifestar los siguientes eventos, así que pidió inmediatamente la ayuda del arcángel Miguel. Le pidió que se llevara su miedo y le diera la fuerza para enfrentar esta situación.

Todo el miedo desapareció inmediatamente. La puerta se abrió sola, Jennifer tomó sus cosas y dejó la habitación. Sabía que el arcángel Miguel se había quedado en la habitación para limpiarla, ayudando al espíritu frustrado que la había atrapado a avanzar.

Cuando Jennifer despertó, sintió alivio y felicidad. Desde entonces sabe que siempre puede contar con la ayuda y protección del arcángel Miguel.

Amanda tuvo un sueño muy vívido con el arcángel Miguel. Ella y su abuela bajaban a un
sótano con otra mujer, había un espíritu con-
fundido ahí y Amanda sintió miedo y corrió
hacia arriba, lejos del espíritu.

Cuando Amanda estaba afuera, invocó la
presencia del arcángel Miguel para que los
protegiera a todos. Él apareció con un escudo
gigante y ayudó al espíritu a reunirse con sus
seres queridos. Después colocó una burbuja
protectora alrededor de Amanda. Ella se dio
cuenta que había pedido protección al arcángel
Miguel y que eso fue exactamente lo que le
dio. Se sintió protegida por la Divinidad, fue
hermoso.

De niña, Diana decía que había visto a Jesús,
espíritus, guías, ángeles y seres queridos difuntos. Sin embargo, cuando llegó a la pre-
adolescencia, comenzó a dudar de todo, ya que
los demás la alentaron a dejar ir sus "fantasías

de la infancia". Diana no tenía absolutamente a nadie con quien hablar de estos temas en su vida y se volvió muy callada e introvertida sobre su espiritualidad. Comenzó a pedirle a los ángeles señales y apoyo.

Una noche, Diana estaba teniendo una pesadilla, cuando despertó en medio de la noche, no quiso molestar sus padres, así que se acostó y trató de ocuparse de ella por un par de horas. Leyó libros y acomodó su librero. Nada la tranquilizaba, pero finalmente decidió que trataría de dormirse con las luces encendidas. Así podía fingir que estaba tomando una siesta de día. Le pidió a los ángeles que la protegieran y ayudaran a tener un sueño tranquilo.

Diana se quedó dormida rápidamente y volvió a tener el mismo sueño aterrador. De pronto, escuchó una música hermosa, sonaba como si fuera de una película de Disney. Diana se dio cuenta que estaba soñando, pero se sentía como si estuviera despierta. Vio hacia arriba a la lámpara y vio cuatro querubines dando círculos en la luz. Diana se sintió inmediatamente relajada y en paz. Sabía que estaba segura.

Cuando despertó por la mañana, las luces estaban apagadas, su puerta estaba cerrada y los libros que había estado leyendo estaban de nuevo en el librero. Diana pensó inmediatamente en los ángeles que vio en su sueño, sin embargo, la lógica se apoderó de ella y decidió que había sido su madre.

Diana fue a la cocina, donde su mamá, su papá y su hermana estaban reunidos. Le agradeció a su mamá por haber ido a su habitación a apagar las luces, pero su mamá pareció sorprendida y le dijo que no había entrado a su habitación. Diana le preguntó a su padre y a su hermana si ellos habían ido. Ninguno de los dos se había levantado por la noche.

Diana se dio cuenta que los ángeles se habían encargado de ella y la habían protegido durante la noche. Sintió gran alegría, porque sabía que podía confiar en que los ángeles siempre están presentes.

Jessica estaba soñando que estaba en la parte superior de una gran casa victoriana. Estaba con las chicas populares de la escuela, con quienes nunca se juntaba. La casa era muy grande, pero no tanto como para ser una mansión.

De pronto, afuera comenzó una tormenta, los árboles se sacudían con el viento y había rayos y truenos en el cielo. Había una sensación de peligro, intensa negatividad y absoluto desastre. Una figura oscura y alta corría por la habitación, lanzando cosas e incendiando todo. Las chicas estaban juntas y abrazadas en una esquina, espantadas a medida que la entidad se hacía más grande y poderosa.

Jessica comenzó a rezar, lo cual era extraño para ella. De pronto, los arcángeles Rafael y Miguel aparecieron en medio de la habitación y comenzaron a luchar con la entidad negativa. Jessica pudo ver la espada de Miguel y el aura verde de Rafael rodeando a las chicas. Rafael vio a Jessica con sus enormes ojos verdes y le dijo que se habían hecho cargo de todo y que estaban a salvo.

Jessica despertó inmediatamente después y buscó su rosario. Estaba sorprendida de lo segura y protegida que se sentía.

Nuestros ángeles y guías del sueño nos pueden enseñar cómo ayudarnos en los sueños. Una mujer llamada Destiny descubrió de sus ángeles este método para salir de cualquier sueño atemorizante:

Cuando Destiny se descubría teniendo una pesadilla, se ponía muy lúcida en su sueño. Como se describió en el Capítulo 3, los sueños lúcidos significan que estás consciente de que estás dormido, en otras palabras, te das cuenta durante el sueño de que estás soñando. Así que en cualquier momento, Destiny puede cerrar los ojos en una pesadilla y pensar en un lugar seguro. Una vez que abra los ojos, estará en ese lugar seguro.

Este es un excelente método que cualquiera puede aprender a usar. ¡Gracias, Destiny!

Capítulo nueve

Sueños con volar y caer

Volar por los cielos en los sueños puede ser emocionante y liberador. Mucha gente tiene sueños con volar, enseñar a otros a volar y aprender a volar, y dicen que siempre se siente muy vívido y real. Los que sueñan con frecuencia recuerdan una técnica específica que usan cuando vuelan. Hablaremos de estos métodos en este capítulo.

Los sueños con volar con frecuencia indican una necesidad de libertad de expresarte. Estos tipos de sueños pueden también ser guías para que des un "salto a la fe" y avances sin miedo. Simbólicamente significan que si tomas un riesgo en la vida, no fallarás/caerás, sino "volarás".

Los ángeles ayudarán a la gente a volar en sus sueños para demostrarles un mensaje a través de la visión de un ave, o también pueden estar tratando de recordarle a la gente que ellos también tienen las habilidades físicas de volar. Los ángeles quieren decirnos que todos podemos volar metafóricamente: solo debemos creer en nosotros mismos y en nuestra conexión con la Fuente. Al pasar este mensaje, los ángeles nos recuerdan de nuestro poder inherente para vencer los límites de la realidad de la vida, en otras palabras, no tenemos límites.

Técnicas para volar

La primera regla para volar es que debes creer que puedes hacerlo.

Existen muchas técnicas para volar en los sueños, y todas son igualmente efectivas.

EXTENDER LOS BRAZOS PARA PLANEAR

El primer método para volar es planear con los brazos bien abiertos. Tus brazos funcionan como alas que te soportan en el aire.

Zoe sueña frecuentemente que vuela sin tener alas, simplemente extiende los brazos, siente una ligereza y facilidad cuando planea y puede volar horizontal y verticalmente, como Superman. Durante algunos sueños, se ve flotando dentro de un edificio, pero en muchos otros tiene miedo a planear más alto. Siente que puede llegar más arriba, pero teme hacerlo. Volar puede simbolizar libertad, auto-expresión y crecimiento, así que el miedo a ir más alto puede ser señal de que Zoe teme el autocrecimiento.

VOLAR CON ALAS

El segundo método para volar involucra tener alas como un ave o un ángel.

Tereze ha tenido muchos tipos de sueños, y con frecuencia usa diferentes técnicas para volar (por ejemplo, en un sueño usó su mente para levantarse del piso). En el sueño con volar más memorable, Tereze descubrió que era un águila. Al igual que esta excepcional criatura, pudo sentir el viento en sus plumas café. Sabía cómo orientarse en el vuelo usando las corrientes de aire.

En forma de águila, Tereze se sintió libre y sin limitaciones. Soñar con águilas simboliza concentrarse en los detalles en tu vida, y ver a la vida con una nueva perspectiva. También representa visiones espirituales y curación.

ALETEAR CON LOS BRAZOS

El tercer método para volar en los sueños involucra aletear con los brazos como un ave con sus alas.

Una de las técnicas para volar de Courtney es extender los brazos para planear y "volar". Durante algunos sueños, cuando aletea siente como si estuviera dando brazadas de pecho en el aire.

Una noche, Courtney tuvo un sueño en el que cabalgaba. Tenía que hacer un largo viaje, así que comenzó a volar para llegar a su destino más rápido. Los caballos representan el movimiento, viajes nuevos y extender tu libertad y poder. Tal vez este último sueño sea un reflejo de la urgencia de Courtney por avanzar en su poder personal.

USAR EL PODER MENTAL PARA VOLAR

El cuarto método para soñar que vuelas involucra solo a tu mente. En estos sueños tú tomas la decisión de volar... y sucede. Para algunas personas volar es un acto inconsciente sin ataduras mentales. Para otras, hay una sensación de controlar el movimiento a través del poder de la mente.

Courtney, la mujer de la historia anterior, usa otra técnica para volar, esta involucra "pensar" en ella misma en el aire. A veces levita, pero otras vuela alto en el cielo, sobre grandes cuerpos de agua, o en las nubes.

Otra mujer, Claudia, ha experimentado sueños con volar desde que era pequeña y su técnica normalmente consiste en la creencia. Ella enseña a otros cómo controlar el vuelo en sus sueños explicando que todo tiene que ver con el control de la mente y la respiración. Debes relajarte y respirar hondo y solo entonces comenzarás a levitar.

En un sueño reciente, Claudia volaba alto en el cielo, como jalada por una fuerza desde arriba. Levitaba, como si su cuerpo fuera más ligero que el aire. En otro sueño, Claudia volaba sobre un rascacielos sobre la ciudad de Leipzig, Alemania, disfrutaba de una hermosa vista como si estuviera en un avión, completamente ligera, libre y feliz.

Igualmente, Michelle siempre ha tenido sueños donde vuela. Normalmente sueña que viaja sobre pueblos y ciudades, viendo a todos ocupándose de lo suyo. Ocasionalmente se detiene a ayudar o a hablar con alguien; tiene control completo de su vuelo. Aunque se puede mover hacia arriba y abajo, Michelle normalmente usa su mente para guiar su cuerpo a donde quiere ir. Usa sus brazos para equilibrarse y sus pensamientos para volar. Solo necesita tener el pensamiento de estar en alguna parte e instantáneamente vuela hacia allá.

Aunque Michelle ha tenido, y sigue teniendo sueños con volar, siempre siente como si volara por primera vez. Cuando se da cuenta en su sueño de que está volando, se sorprende. Vuela con tanta facilidad y gracia como si fuera una parte normal de su vida, siente mucha fuerza, confianza y libertad, como si nada más importara. Estos sueños la hacen darse cuenta que siempre ha tenido la misma fuerza y conocimiento en ella.

Al despertar de sus sueños con volar, Michelle siempre siente como si se hubiera liberado algo, le parece como si la energía que acumuló durante el día en su cuerpo se descargara. Entonces, Michelle queda con una sensación de calma y paz.

Como puedes ver, los sueños con volar también ayudan a liberar energías no deseadas, quitar límites y crear confianza.

CORRER PARA TOMAR VUELO

El quinto método para volar en los sueños es correr rápido, como cuando un avión gana velocidad en la pista antes de despegar.

Algunas personas saltan cuando terminan de correr, y otras simplemente despegan.

Stina tiene recurrentes sueños con volar, comienza corriendo y de pronto se eleva del piso. Stina mueve sus manos para poder navegar. Sus sueños normalmente involucran sueños sobre el área donde vivía. Está sola, viendo hacia abajo los edificios y todo debajo de ella. A veces vuela sobre un campo de fútbol, un parque y campos abiertos, otras veces hay personas abajo viéndola arriba, sorprendidos de que sepa volar.

En ocasiones, Stina no puede quedarse volando en el aire. Cuando esto sucede, tal vez necesite aterrizar abruptamente, pero su aterrizaje siempre es seguro. Stina siente constantemente que tiene el control y experimenta una sensación de libertad y gracia.

Aprender volando

El sexto método para volar en los sueños es levantarte, inclinarte y dejar que el aire te lleve al cielo.

La técnica para volar de Angie es pararse, poner su cuerpo en el ángulo correcto y levantarse en el aire. Flota y se mueve hacia delante intentando. Mientras esto sucede se siente como si su capacidad de volar estuviera dirigida por su mente, entonces simplemente toma la decisión de volverse más ligera y su cuerpo coopera para que comience a volar. Sin embargo, Angie siente que su vuelo es frágil, teme que si se permite tener miedo, su capacidad de volar desaparezca.

De nuevo, la creencia y confianza en tu capacidad de volar son necesarias. Los sueños con volar nos enseñan a creer, en nosotros mismos, nuestras capacidades y los dones innatos que nos han dado.

EXPERIENCIAS FUERA DEL CUERPO

Con frecuencia, la gente tiene *experiencias fuera del cuerpo*, o EFCs. Normalmente esto les sucede durante un sueño. (Un tipo de EFC es el viaje astral, del que hablaremos más adelante en el capítulo.)

Una EFC ocurre cuando el cuerpo está explorando. El cuerpo de los sueños, recordarás, se mezcla con el cuerpo físico de la misma forma que el aura. Actúa como vehículo energético para que puedas dejar tu cuerpo físico dormido mientras tú vuelas a otros lugares y tiempos con tu cuerpo de los sueños. Puedes explorar todos los reinos como si los experimentaras con tu cuerpo físico.

Christine tuvo una experiencia fuera del cuerpo en la que soñaba que estaba parada afuera de su casa de la niñez. Primero se asustó, pero después se dio cuenta que un ángel estaba cargando su cuerpo de los sueños desde atrás. Juntos, planearon en círculos alrededor de la casa y el jardín. Christine veía a la gente abajo.

Inesperadamente, Christine y el ángel despegaron a una increíble velocidad, en cuestión de segundos volaron al espacio exterior. Deteniéndose por un momento, Christine vio alrededor las estrellas y los planetas. Volviendo a volar, el ángel llevó a Christine por un bosque, donde volaron por los árboles sin tocar las ramas. Christine pensó que estaban viendo la tierra, pero de pronto volaron sobre una criatura que ella describió como un oso con varios brazos y piel de elefante.

Antes de que Christine lo notara, había vuelto a casa. Su ángel guardián la puso en el piso con suavidad. Christine mencionó cuánto había disfrutado la aventura y el ángel le dijo que podía ir a donde deseara.

UN PERRO CONFIRMA UNA EXPERIENCIA DE VUELO

Los perros, gatos y los niños pueden ver la energía claramente. Debido a que no están sobresocializados, como los adultos humanos, los animales y los niños están abiertos a cualquier experiencia, lo que les permite experimentar claramente a los ángeles y otros seres del mundo espiritual.

Shantell experimentó su primer sueño con volar cuando tenía cinco años. Voló de su cama, salió por la ventana de su habitación y sobre su patio trasero. Su perro, Kinger, estaba en el patio y ladró y lloró mientras la veía volar. Shantell pensó que era extraño que la pudiera ver volar, ya que no estaba haciendo ruido.

Shantell volaba hacia las nubes, cuando llegó a ellas, se sentó y vio a su alrededor. Sentía que estar en las nubes debía ser como estar en el Paraíso. Entonces escuchó una voz que le respondió a su pensamiento: "Sí, es muy similar". Shantell volteó en dirección a la voz y preguntó si era un ángel. La respuesta fue un suave sí.

Shantell preguntó entonces al ángel si Dios era real. El ángel afirmó que lo era y entonces ella preguntó cómo sería estar *sin* Dios. El ángel le pidió a Shantell que pusiera su cabeza en las nubes, ella lo hizo y no vio, sintió, escuchó o estuvo consciente de nada, había un vacío. A Shantell no le gustó esa sensación, levantó su cabeza de las nubes y le dijo al ángel que sin Dios, no habría nada, ella no existiría, nada existiría. El ángel estuvo de acuerdo.

Shantell le agradeció al ángel y voló de vuelta a casa. Kinger comenzó a ladrar de nuevo. Entonces caminó hacia la ventana de la habitación de Shantell y lloró, así que ella decidió regresar por la ventana para poder regresar a su cuerpo físico.

Cuando despertó, le contó a su mamá sobre su sueño y ella le dijo que Kinger había estado llorando y ladrando toda la noche, y que había rasgado la casa cerca de la ventana de Shantell. Entonces su mamá notó que el perro ya no ladraba ni actuaba extraño. Shantell corrió a abrazar a Kinger porque supo que él había visto su cuerpo de los sueños flotar.

VIAJES ASTRALES

El viaje astral es un tipo especial de experiencia fuera del cuerpo. En algunos sueños-viajes astrales la gente vuela, mientras en otros, no. El que sueña con frecuencia asciende al pico de una montaña o a otro pico alto. Tu cuerpo de los sueños, que también se conoce como cuerpo astral, parecerá estar flotando sobre tu cuerpo físico mientras duermes. Los sueños-viajes astrales vienen cuando estás en un estado liminal, profundamente relajado.

Muchas culturas antiguas y modernas consideran el viaje astral una forma de sueño sagrado usado con propósitos de iniciación, capacitación y curación. Estos sueños normalmente ocurren cuando hay información de gran importancia que debe compartirse o cuando el camino de la vida de quien sueña debe ser impactado poderosamente.

Existen muchas formas de reconocer cuando estás viajando astralmente. En tus sueños sentirás un estado de bendición y regocijo, tal vez escuches música de las esferas (los sonidos del Universo y los cuerpos celestiales). Los colores estarán muy saturados y de un tono que no encontrarás en este planeta.

La fuerza vital de tu cuerpo de los sueños (astral) se facilita por la exposición a la energía cósmica durante la noche. Por lo tanto, durante estos estados altos, es probable que encuentres al ensamble cósmico, también conocido como el Consejo Superior.

Este es un grupo iluminado de seres que operan desde un estado de amor y luz Divinos y que guían a la gente hacia su máximo bienestar. La principal distinción entre las experiencias fuera del cuerpo y el viaje astral es que el Consejo Superior es quien imparte la información.

Normalmente, al despertar de un viaje astral, tendrás un mayor sentido del propósito de la vida. Sin embargo, tal vez también te sientas exhausto, ya que tal vez hayas viajado muy lejos mientras ofrecías curación al mundo. En cualquier caso, debes saber que has recibido información importante y realizado un trabajo importante.

CONOCER A UN MIEMBRO DEL CONSEJO SUPERIOR

Sophie había estado buscando en su corazón para descubrir su propósito en la vida, había asistido a clases para cambiar y parecía que iba en el camino correcto, pero aún no estaba segura qué paso dar ahora. Tenía un plan de acción y no le gustaba esperar a que algo sucediera, sino que pasó semanas analizando su carrera y sus relaciones.

Durante ese tiempo, Sophie leyó varios libros sobre vidas pasadas y futuras y sobre manifestación. Nada parecía tener nada nuevo que ofrecerle, así que eligió una novela de aventura espiritual que resultó ser la inspiración que necesitaba. El libro le permitió a su mente relajarse y abrirse a nuevas posibilidades. Aunque este libro era estimulante para Sophie, aún sentía como si su vida se moviera lentamente hacia delante, sin sentir que lograba nada.

Unas noches después, Sophie comenzaba a quedarse dormida cuando escuchó que la llamaban por su nombre, sus ojos se abrieron y buscó en su habitación. Su corazón latía rápidamente y su frente estaba bañada en sudor, se dio cuenta que la voz sonaba algo mecánica, no verdaderamente humana, casi como si se estuviera ajustando a la densa atmósfera. Sophie sonrió cuando reconoció que alguien, en algún otro lado, tal vez en otro plano, trataba de llamar su atención, así que le agradeció y se quedó dormida.

En su sueño, Sophie se vio en un logar hermoso y exótico, llevaba puesta una bata para broncearse con un cinturón y su largo cabello ondulaba sobre sus hombros. Estaba parada en medio de una escalera de piedra del lado de una montaña, escuchó una voz que la llamaba en el viento, pidiéndole que escalara hasta llegar a la cima de la montaña.

A medida que escalaba, Sophie notaba que los árboles, las flores e incluso el aire vibraban con colores que nunca había visto en la tierra. Sintió que un fuerte imán la jalaba hacia la cima de la montaña. De nuevo, la suave voz le pidió que siguiera escalando. El viento era más fuerte cerca de la cima, finalmente llegó y pudo ver el maravilloso mundo debajo, sintió como si momentos pasados, presentes y futuros estuvieran intercalándose en el aire ante ella.

Aunque no podía ver al ser con ella, Sophie supo que estaba ahí, parecía estar fusionado con el aire frente a ella. Este ser parecía estarla guiando para que notara ciertas imágenes, como un cóndor, una *Chakana* (una cruz inca con 12 puntas), y un momento futuro que necesitaría recordar más adelante.

Sophie también tuvo la sensación de que este ser compartía con ella un mensaje clarisintiente, como si él estuviera descargando en ella algunos pasos de su propósito en la vida. Sophie se sintió segura, protegida y muy amada durante este proceso, sabía que despertaría y no recordaría la información que le habían transmitido, pero que sus cuerpos energéticos y físicos la guardarían y la usarían en el momento más adecuado para el bienestar de todos los involucrados.

Al despertar de este sueño, Sophie se sintió inspirada y llena de vida, ya no sentía que su vida estaba estancada, sabía que todo se abriría en el perfecto tiempo Divino y que contaba con la información necesaria para emplearla cuando la necesitara. Sophie sabía sin duda alguna que había visitado otro lugar en el tiempo, en alguna parte del plano astral, donde este ser de amor y luz Divinos pudo darle mayor conocimiento para usarlo para bien. Se sintió fresca y lista para comenzar el siguiente viaje de su propósito en la vida, y no le importaba esperar.

El sueño de Sophie fue en realidad un viaje astral. Muchas de sus cualidades lo indican claramente: conocer a un miembro del Consejo Superior, viajar a la cima de una montaña o a otro punto alto, colores saturados y vibrantes que no son de este mundo, y sentir que se estaba descargando información.

El cóndor es un ave del espíritu sagrado en el sistema de creencias inca y aquí representa las capacidades de clarividencia de Sophie, así como su claro enfoque en los detalles, su potencial de volar a nuevas alturas y visitas de ancestros y espíritus antiguos.

La chakana es otro símbolo sagrado para los incas antiguos. Después de soñar con este símbolo, Sophie comenzó a estudiar sus muchas capas de significado, ahora comenzó a entender el mensaje que el miembro del Consejo Superior trataba de transmitirle.

VOLAR CON LOS ÁNGELES

Volar con los ángeles denota un corazón abierto y dispuesto. Si te descubres volando con ellos, debes saber que te están llamando para tal vez ayudarles a ayudar a alguien más.

Los ángeles traen mensajes para ayudarnos no únicamente personalmente, sino también a otros, pueden usar el vuelo para ayudar a pasar el mensaje o para recordarte tus propios poderes.

La mañana del 11 de diciembre de 1992, Marla soñaba que volaba con la diosa celta Brigid y sus ángeles, ellos la llevaron a volar sobre el océano cerca de San Diego. Marla no había estado en California antes, así que la experiencia fue especialmente divertida. Aterrizaron en un parque acuático que Marla los escuchó llamar "Parque acuático Sing Me Oaks". La energía era muy pacífica, y se detuvieron para flotar en una piscina. Estaba cálido y soleado, el agua era clara y hermosa, como diamantes. Brigid y sus ángeles le dijeron a Marla que les gustaba este parque y que siempre habían deseado que estuviera disponible, pero que necesitaba ser más grande.

Cuando Marla despertó de su sueño solo podía pensar en el hermoso parque acuático, así que decidió ver si existía, por lo que llamó al número de información y preguntó por un lugar llamado "Parque acuático Sing Me Oaks" cerca de San Diego. La operadora le dijo que había un lugar llamado Parque acuático *Sengme* Oaks y le dio el teléfono a Marla.

Marla sintió que la habían llamado para pasar el mensaje de Brigid y los ángeles.

Cuando una mujer en Sengme Oaks respondió el teléfono, Marla le compartió que había tenido un sueño sobre los ángeles diciéndole que el parque acuático debía estar disponible, pero ser más grande. La mujer le agradeció a Marla y le dijo que el dueño estaría muy contento de saberlo porque estaba buscando una señal ya que tenía una junta de consejo en unos días en la que hablarían del futuro del parque.

Marla tuvo otro sueño con volar un invierno. Cuando volaba sobre su ciudad con los ángeles, ellos vieron a alguien que había caído en la nieve y necesitaba su ayuda. Los ángeles de Marla le dijeron que dejara de volar y se despertara, necesitaba ir a ayudar a la persona que había caído. Marla sintió una fuerza invisible que la jalaba de la cama y escuchó a sus ángeles decir: "Vamos, rápido".

Cuando despertó, eran las 5 de la mañana y seguía oscuro. Además, había una tormenta de nieve, Marla se vistió tan rápido como pudo, se puso el abrigo sobre la pijama. De pronto, escuchó una campanada seguida por un golpe. Se estaba poniendo las botas cuando volteó hacia arriba y vio que las llaves de su auto se habían caído del portallaves que estaba en la puerta, las tomó y entró a su auto rápidamente.

Cuando manejaba hacia el lugar que recordaba en su sueño, el auto parecía detenerse solo. Entonces, en un banco de nieve al lado de la calle, Marla vio a un joven, así que saltó del auto y corrió hacia donde estaba el chico tirado, cubierto de nieve. Cuando Marla trató de moverlo él no respondió. Entonces notó que venía una barredora de nieve por la calle y le tocaba el claxon para que se moviera.

Marla le pidió a Dios y a los ángeles que la ayudaran a levantar y llevarlo rápido a su auto antes de que llegara la barredora. Cuando trató de levantarlo, lo sintió tan ligero como una pluma. Sabía que los ángeles la estaban ayudando, ya que el chico era mucho más grande que ella, pero le era muy fácil moverlo. En cuanto lo puso en el auto, la barredora pasó por donde estaban, y ella gritó su agradecimiento al Cielo.

Cuando Marla manejaba el chico retomó la conciencia lentamente, le dijo que la recordaba pasando a pie por su casa el otro día. De hecho, Marla había pasado por la calle Pine el día anterior, así que se dirigió hacia allá. Cuando llegaron a la calle, Marla vio a una mujer salir de una casa y el chico le indicó que ahí vivía. La mujer corrió hacia Marla y le dijo que era la mamá del chico y que estaba preocupada porque su hijo había ido a la tienda en medio de la tormenta para comprar leche hacía más de una hora, por lo que se estaba preparando para salir a buscarlo.

El chico le dijo a su madre cómo se había caído, golpeado su cabeza y quedado inconsciente. Ella le agradeció a Marla por encontrar a su hijo y ayudarlo, y para su sorpresa, Marla compartió su sueño sobre el chico, y cómo los ángeles los habían ayudado.

Hace varios años, Patricia tuvo el sueño más vívido de su vida. El sueño sucedía la noche en que se había perdido mientras manejaba a través de una densa neblina. Se sentía incómoda y asustada, así que le pidió a los ángeles que rodearan su auto con protección y le mostraran el camino a casa. Por supuesto, Patricia encontró el camino.

Esa misma noche, Patricia soñó que volaba sobre las montañas con los ángeles a su lado, protegiéndola. La misión de Patricia era aterrizar en las fogatas esparcidas por las montañas y dar información y un mensaje de aliento a las personas. Patricia se sentía segura, pero parecía haber una sensación de urgencia de que entregara sus palabras y fuera rápidamente a la siguiente fogata.

A medida que Patricia volaba sobre los árboles, veía hacia abajo y veía miles de luces de cada campamento. Sabía que cuando se entregaran todos los mensajes, su destino era una montaña, en una gran roca plana que formaba una plataforma para aterrizaje. Patricia terminó su misión ahí con una sensación de gran logro.

El sueño de Patricia tenía dos mensajes, uno era mostrarle que tenía información que ayudaría a otros. Tal vez necesitaba servir en su comunidad, ya que tenía las herramientas necesarias para ayudar. Su sueño también podría estarle diciendo que esta era su misión en la vida, ayudar a otros. El segundo mensaje, era, por supuesto, recordarle a Patricia su capacidad de volar, es decir, de dar un salto de fe.

LOS SUEÑOS CON VOLAR NOS DAN PODER

Los sueños con volar pueden ser curativos, ya que te permiten ir por encima de tus problemas físicos, emocionales y espirituales y ver el panorama general. De esta forma, puedes alejarte para que ocurra la curación.

Por ejemplo, Brenda era extremadamente infeliz viviendo en una casa de alcohólicos. Tuvo su primer sueño con volar cuando era adolescente, soñó que volaba sobre su familia, mientras ellos la veían desde abajo, la señalaban. Ella planeaba por arriba en círculos, en absoluta libertad. Cuando Brenda tenía un sueño con volar, se sentía ligera y liberada.

Este sueño simboliza la capacidad de Brenda para estar por encima de las circunstancias de su familia, su sueño le mostraba que no debía tener miedo. Ella es libre de tomar sus propias decisiones y no necesita cargar el dolor de su vida en casa por todos lados, puede liberarse de estas situaciones difíciles. Brenda cree que sus sueños con volar son una conexión profunda y transformadora con su alma.

Brenda es otra soñadora que enseña a la gente cómo volar. En sus sueños, le dice a otros que abran sus brazos y le den sus corazones al viento. Cuando enseña esto, el viento la levanta ligeramente y pronto está volando. Normalmente planea con suavidad sin aletear con los brazos.

Amanda descubrió que cuando vuela en sus sueños, se siente completamente natural y sin restricciones. Durante la mayoría de sus sueños con volar, Amanda se mueve en el aire, pero en otros, navega a través de los árboles o edificios de la ciudad. Amanda notó que sus sueños en edificios de la ciudad no se sienten tan bien como cuando vuela por los árboles, porque los edificios son difíciles de navegar.

Amanda también notó que a veces aletea con los brazos para volar y que a veces están extendidos cuando vuela. Ella usa sus brazos para moverse en diferentes direcciones, y disfruta hacer maniobras. Dice que se siente poderosa al hacerse cargo y cambiar de dirección cuando lo desea. Amanda también usa la técnica de pensar en volar en sus sueños, simplemente indica con su dedo índice a dónde quiere viajar y su cuerpo se mueve en esa dirección.

Amanda cree que sus sueños con volar también son sueños con vidas pasadas de tiempos antiguos en que todos podíamos volar. Es muy probable que esto sea verdad.

Felise tuvo muchos sueños con volar de niña y recuerda que era la sensación más emocionante de ligereza y sobre todo, felicidad. Felise recordaba un sueño en el que tuvo una vista aérea de donde vivía. En este sueño ella podía moverse libremente a través de objetos densos. Sin embargo, al despertar, Felise sentía que era jalada hacia su cuerpo y la sensación de densidad y limitación regresaba. Junto con la sensación de ligereza, la sensación de amor único e incondicional desaparecía.

Ahora que Felise ha crecido, ya no vuela en sus sueños. Una razón puede ser que no siente la misma libertad de autoexpresión. Tal vez esté atorada, como si no pudiera planear hacia nuevas alturas en su vida.

Sueños con caer

Caer en un sueño puede significar que quien sueña se siente fuera de control, ya que tiene una pisada inestable. También puede simbolizar que no se está parado en el propio poder personal. Tal vez quien sueña ha dejado de expresar la verdad o la creatividad.

Algunas personas comienzan a quedarse dormidas para de pronto despertar sintiendo que se están cayendo. Esto representa que quien está soñando está "cayendo" a un portal de apertura de un espacio de sueño al que no necesita entrar, como a una pesadilla. Por lo tanto, sus seres superiores y guías de los sueños envían inmediatamente la sensación de caer para que la persona despierte y comience de nuevo.

Una "patada" o "caída" es una sensación física que tu subconsciente le manda a tu cuerpo para evitar que entres en un estado de sueño que tal vez no sea bueno para ti. Entonces, cuando te vuelves a dormir, es como cambiar de canal el radio o la televisión. Escogerás otro camino para ir en tus sueños esa noche. Tu guía de los sueños y tus ángeles te tocarán físicamente para regresarte a tu cuerpo físico para que puedas comenzar de nuevo a soñar.

Traelynn tenía frecuentemente sueños en los que caía, se despertaba de pronto jadeando y asustada. Una noche tuvo el mismo sueño con caer, pero esta vez cuando estaba cerca del suelo, Traelynn abrió sus brazos de pronto y comenzó a volar. Voló sobre el mundo, observando la belleza de la tierra. Entonces, comenzó a ver la devastación causada por los humanos en el ambiente y la vida silvestre.

Traelynn sintió que el sueño era positivo porque le dio una profunda pasión por involucrarse en la conservación. También le dejó el regalo de volar sin miedo, ya no tenía miedo a caer.

Los ángeles le estaban mostrando que tenía el poder de tomar el control de su vida y tomar decisiones para su mejor bien.

Capítulo diez

Mensajes de los ángeles

* * * * * * * * * * * *

Los mensajes en los sueños pueden cambiar o afirmar tu vida. Un simple hola o una sonrisa de nuestros ángeles nos puede ayudar a sentirnos renovados y listos para comenzar nuestro viaje ese día.

Algunos mensajes que recibimos pueden ser para otros o ser una confirmación para nosotros. Este tipo de sueño es muy directo, pero profundo para quien lo tiene. Un ángel llegará simplemente para dejar saber a quien sueña que está con él.

El Arcángel Miguel nos da confianza
en que nos protege

El arcángel Miguel quiere que sepamos que siempre está ahí protegiéndonos, como descubrió Jean Zurich. Y si no escuchamos su mensaje la primera vez, se asegurará de que lo recibamos.

Jean se había estado preocupando por un problema todo el día. Entonces, esa noche, soñó con el arcángel Miguel, quien brillaba con una luz dorada y blanca, y la llevaba en sus brazos, diciéndole: "Te tengo". Él la refugió bajo su cuerpo mientras sus alas la protegían. En este punto de su sueño, Jean despertó y dejó la cama para beber un poco de agua. Cuando regresó, se quedó dormida pronto... y comenzó a tener el mismo sueño. Cuando despertó, se dio cuenta que el arcángel Miguel realmente estaba ahí para ella, protegiéndola. Y por si acaso no había creído su mensaje la primera vez, él se aseguró de que lo experimentara de nuevo.

Estos dos sueños siguen dándole a Jean mucha tranquilidad cuando reflexiona en ellos.

Ambas veces despertó sintiéndose muy amada y protegida. El mensaje que recibió era que confiara en el Universo y en los ángeles, que estaba segura y ellos la ayudarían a resolver cualquier situación que la molestara.

En ocasiones, cuando nos preocupamos demasiado, olvidamos soltar nuestras preocupaciones al Universo. Cuando esto pasa, no es poco común recibir un sueño para recordarnos que los ángeles se encargarán de nosotros.

Renée recibió tranquilidad del arcángel Miguel cuando se preocupaba por su hija. Él vino a ella en su sueño para decirle que era el ángel guardián de su hija y que siempre la cuidaría, le dijo que si ella, o cualquiera, alguna vez necesitaba ayuda, todo lo que debía hacer era llamar a los ángeles susurrando su nombre. Renée sintió inmediatamente que se le quitó una carga de los hombros y el alivio llenó su corazón.

Algunas personas se preocupan por la idea de que no pertenecen al planeta tierra. También tienen miedo de morir y piensan mucho en ello. Nuestros sueños son una forma en que nuestros ángeles y guías nos pueden consolar por nuestras preocupaciones sobre este tipo de situación.

Aunque el sueño con ángeles de Nancy sucedió hace años cuando estaba en la preparatoria, lo recuerda como si fuera ayer. Soñó que entraba a una iglesia, buscando lugar para sentarse. Cuando vio a su familia, caminó y se sentó junto a su hermano. Todos comenzaron a cantar, y de pronto, inesperadamente, Nancy comenzó a flotar. Podía escuchar un cuervo en la distancia mientras seguía elevándose, dejando la iglesia.

Entonces una hermosa luz blanca apareció y la rodeó. Ella sentía una cálida y amorosa paz que la hacía querer tener más de esa sensación. Mientras más se acercaba a la luz blanca, más fuerte se oía el cuervo. De pronto, una voz poderosa ordenó: "Alto, regresa, no estás lista para venir aquí aún. No es tu momento". Aunque Nancy quería quedarse en ese bendito santuario, giró y bajó flotando. El sonido del cuervo disminuía cada vez más, hasta que se detuvo por completo.

Nancy despertó con la conciencia de que era el arcángel Miguel quien le había hablado con esa voz fuerte pero amorosa. Flotar en su sueño representó su deseo de acercarse a la Fuente. El cuervo era una advertencia de que quería estar *demasiado* cerca de la luz, la misma luz que aparece cuando una persona pasa al Otro Lado. Sin embargo, el arcángel Miguel le dejó claro que aún no era su momento de dejar su cuerpo físico, aún tenía mucho trabajo en la tierra. Nancy se siente segura de que los amorosos ángeles siempre la protegen y la cuidan, ya sea en los sueños o en la realidad.

Cristina recibió apoyo de un ángel en un sueño más simple. Su sueño ocurrió hace más de 50 años, cuando ella tenía 5 años, pero lo recuerda claramente.

Siempre le habían interesado los santos y los ángeles. Incluso de niña, solía guardar las tarjetitas para rezarle a los santos, las alineaba y hablaba con ellos.

Una noche, Cristina estaba durmiendo en su cama cuando se dio vuelta a la derecha, vio a un ser hermoso parado junto a ella, completamente rodeado de una luz azul. Cristina observó al ser acostarse junto a ella.

Este sueño tuvo un efecto muy importante en Cristina a tan tierna edad, el ser era seguramente su ángel guardián, dejándole saber que siempre estaría a su lado. La luz azul también indica que podía ser el arcángel Miguel quien la visitó, sin duda para que Cristina supiera que estaba segura y protegida.

El ángel guardián de Cristina se aseguró que ella siempre recordara que la visitó a una edad en la que alguien es tan impresionable.

Los ángeles siempre están a tu lado

Tú nunca estás solo, los ángeles siempre están ahí contigo, para apoyarte, si se los pides. Amy Clark notó que su ángel solo quería dejarle saber que no estaba sola.

El primer sueño con ángeles de Amy sucedió después que leyó un libro sobre ángeles. Antes de ir a dormir, dijo una oración mental, pidiendo que la visitaran en sus sueños. Esa noche, Amy soñó que veía a un ángel con alas grises. Aunque Amy no recuerda las palabras que se dijeron, sintió que él le permitía tomar una de sus alas. Amy solo notó brevemente que pudo haber habido otros seres celestiales alrededor. Sin embargo, en ese momento comenzaba a despertar de su sueño.

Cuando estaba completamente despierta, tuvo un abrumador sentimiento de estar en un estado de constante amor. Se sintió como si estuviera enamorada de alguien. Este sueño le probó que todo lo que había leído sobre la sensación cuando se tiene un encuentro con un ángel, era verdad. Amy se sentía intoxicada de amor.

Es reconfortante e inspirador despertar de un sueño en que nuestros ángeles nos han probado que realmente están alrededor de nosotros.

Jacob siempre le había pedido a su ángel que le diera una señal en sus sueños, sin embargo, nunca parecía haber encontrado una que pudiera definitivamente considerar que venía de un ángel. Jacob estaba en casa de un amigo cuando finalmente recibió una señal inconfundible.

En su sueño, Jacob estaba en la sala platicando con los padres de su amigo. La conversación no tenía nada que ver con la espiritualidad, cuando de pronto, estuvo muy pendiente de la mamá de su amigo. Cuando comenzaba a centrarse en ella, ella volteó a decirle: "Jacob… ángeles". La palabra *ángeles* fue tan clara y profunda que lo despertó de su sueño. Jacob supo que era una señal de sus ángeles diciéndole que estaban ahí con él.

Para Jacob fue un sueño tan profundo que despertó con una enorme sonrisa en el rostro.

En su dulce mensaje en los sueños, Mary Theresa recibió la confirmación de que nuestros ángeles siempre escuchan y ponen atención.

Cuando Mary Theresa estaba dando gracias a su hermoso ángel guardián por estar siempre ahí para ella, preguntó si le podían dar el nombre de su ángel en un sueño. Ella sabía en su corazón que le responderían. A la mañana siguiente, cuando se levantaba, pero aún seguía en estado medio dormido, Mary Theresa escuchó claramente: "Mi nombre es Rose".

Mary Theresa despertó completamente y repasó la experiencia inmediatamente antes de olvidar todos los detalles. La voz de Rose parecía distante, como un eco desde otra dimensión. Sin duda, Mary Theresa supo que su oración había sido respondida y que el nombre de su ángel era Rose.

La primera vez que Kyna Towns soñó con un ángel, también recibió un mensaje de amor. Kyna soñó que el arcángel Metatron venía a verla. Siempre era hermoso, con una piel dorada, cabello largo y rubio y los más sorprendentes ojos azules que parecían casi púrpura.

Hizo hincapié en su apariencia, él le dijo que eso era solo como ella había elegido verlo en esta visita. Metratron tenía un mensaje para Kyna: ella necesitaba ser más amable, le dijo. Entonces la abrazó. El abrazo fue tan poderoso que ella no quería que se acabara.

Al despertar, Kyna pensó que el ángel había querido decir que necesitaba ser más amable con su familia, amigos y la gente que conocía, pero cuando pasó un tiempo, Kyna comenzó a darse cuenta que el mensaje de Metatron significaba que fuera más amable con ella. Necesitaba amarse.

Karen necesitaba una confirmación de que había tenido éxito en su misión. Una noche, soñó que estaba parada frente a una figura masculina que se veía anciana y que llevaba una bata de colores.

Él compartió un mensaje con Karen de que había tenido éxito en su misión, ella sintió un poderoso abrazo de alas desde atrás de ella y comenzó a flotar con el ángel, celebrando.

En verano de 2010, Johannes dijo la siguiente oración antes de ir a dormir:

Querido Dios, por favor, dame un sueño con mensajes claros sobre mi origen, que pueda recordar cuando despierte.

Esa noche, Johannes recibió un sueño para confirmar que hay vida después de la vida. En su sueño, Johannes estaba recostado en una iglesia, supo con precisión cuándo moriría, lo había estado esperando, pero ahora sabía que el momento había llegado.

Johannes pidió que lo sacaran de la habitación para poder despedirse de su familia. Su familia estaba reunida alrededor de él, pero no era en el presente, aunque él sabía que esta era su familia en otro tiempo. Abrazó a cada miembro, uno por uno.

Johannes le dijo entonces a su familia que recordaran que hay mensajeros que pueden ayudarlos. Los alentó a creer en ellos y a rezar, les explicó que estos mensajeros vendrían y los apoyarían en tiempos de necesidad. Johannes se despidió y los abrazó una última vez.

Cuando Johannes dejó su cuerpo terrenal, se elevó rápidamente. Vio hacia abajo una tierra verde y un signo de infinito apareció frente a él, entonces la tierra desapareció rápida - mente mientras una sensación de paz lo llenaba.

Al despertar, Johannes ponderó la vida después de la vida, no sabía nada sobre vidas anteriores, ángeles o guías. Pero ahora, estaba convencido de que estamos rodeados de ángeles y ayudantes amorosos que nos pueden ayudar en nuestras vidas. Él siente que debemos rezar y creer.

Un mensaje para ti

De vez en cuando hay un mensaje en sueños que es para que todos lo escuchen. Nos gustaría concluir este libro con el mensaje en sueños de Rowan Moon sobre la conexión Divina. En la historia de Rowan cuando conoció a uno de sus ángeles por primera vez, ella recibió una poderosa explosión de fe e información. La potencia de este sueño es evidente. Los ángeles son sorprendentes seres de amor y luz que comunican el mensaje de Dios, y el encuentro de Rowan con su ángel guardián la dejó con un gran mensaje. Verás cómo este mensaje también se relaciona contigo. Rowan recibió esta información para compartirla con quien esté interesado, así que si estás leyendo este libro, eso *te* incluye.

A principios de los noventa, cuando Rowan notó que tenía un gran potencial para escuchar mensajes de parientes muertos, comenzó a tratar de escuchar a sus amigos angelicales también. Siempre había sabido que podía hablar con personas que nadie más podía oír o ver, pero entendía muy poco sobre su capacidad. Estaba en un camino espiritual de descubrimiento cuando tenía 20 años, esperando conocer más su capacidad, leía muchos libros espirituales a la vez y su hermana le había regalado un libro de los ángeles que cambiaría su vida. En un capítulo de este libro había un ejercicio sobre cómo comunicarse con tus ángeles durante el sueño. Usando este método, Rowan tuvo un sueño tan vívido que sintió como si hubiera cruzado dimensiones.

En su sueño, Rowan supo que estaba parada en una hermosa pradera, con un aro de árboles en la distancia rodeándola. El pasto, flores y árboles eran tan vibrantes que era como ver una pintura. El pasto crecía solo y casi le llegaba a las rodillas. Ella caminaba descalza en la cálida tierra, y era como caminar en un piso caliente. Un sol amarillo brillante atravesaba las mullidas nubes.

Rowan sintió paz y emoción mientras caminaba lentamente por la pradera. Al llegar a un área donde el pasto estaba recién cortado, tuvo una urgencia de recostarse, cuando se estiraba, un conejito apareció a sus pies. El conejo era más grande de lo normal y su piel era de un púrpura profundo que parecía brillar como diamantes, Rowan estaba sorprendida. Cuando se movió para tocarlo, este se fue saltando. Instintivamente, Rowan lo siguió.

Cuando el conejo desaparecía detrás de un enorme roble antiguo, un brillo intenso en la visión periférica de Rowan llamó su atención. Giró y vio un enorme pilar de luz blanca, tan grande como una torre que emitía una calidez profunda que caía sobre ella, caminó hacia él mientras veía cómo se encogía lentamente para quedar de unos 3 metros. De pronto, una figura iluminada de unos 2 metros con alas muy grandes emergió de la luz. Sus alas no eran como plumas o de ave, pero se formaban a partir de filamentos blandos. La piel del ser era transparente y, como el conejo, brillaba con pequeños puntos de luz, como si tuviera diamantes bajo la piel. Rowan supo que frente a ella estaba su ángel guardián.

El ángel le habló proyectando pensamientos a su mente, compartió que lo que ella veía no era realmente como él lucía, sino que se había mostrado así porque era la única forma en que su cerebro podía interpretar la experiencia. Este ángel no era un espíritu que hubiera vivido en un cuerpo humano, sino un guardián que siempre permanecería en su reino. Se podía mover libremente entre dimensiones y tiempos que no existían para él.

Le dijo que los espíritus de todos fueron formados simultáneamente con el Universo y que Rowan siempre había estado ahí y siempre estaría ahí, aunque tomara muchos disfraces diferentes. Le dijo que ella estaba vinculada no solo con él, sino con todos los demás espíritus de la tierra y de más allá. De hecho, como todos se formaron exactamente al mismo tiempo, todos estarían eternamente vinculados entre sí. El ángel era guardián no solo de Rowan sino de incontables personas más, y podía cumplir así con su papel porque era parte de la Fuente Divina.

El ángel le explicó que "cada ser tiene una vida". Rowan se dio cuenta después que esto quería decir que como almas no podemos morir, todos existiremos, y siempre hemos existido, por toda la eternidad, incluso si una experiencia humana en particular sucede solo una vez.

Rowan le preguntó a su ángel guardián si tenía un nombre, y él le explicó que los seres como él no tienen forma ni género como tal. Le dijo que ella podía darle un nombre si le parecía útil para su conexión con él. Sin embargo, le recordó que como su espíritu está conectado con el de él, él siempre está con ella. No puede dejarla porque están unidos para la eternidad.

Rowan entendió la importancia de las palabras de su ángel guardián, no necesitaba "llamarlo" y pedirle que se uniera a ella, porque ya estaba ahí. Rowan sintió que de él emanaba un amor abrumador y muy tranquilizante.

El hermoso ángel la abrazó sin tocarla físicamente, aunque estaba parado frente a ella, Rowan sintió que alguien le había puesto una cálida cobija, se sintió increíblemente segura. Cerró sus ojos por un momento. Cuando los abrió, él se había ido.

Rowan despertó con la conciencia de que había estado llorando en sus sueños. Su almohada y sus mejillas estaban empapadas, pero se sintió la chica más feliz del mundo. Este encuentro fue una de las cosas más poderosas que ha experimentado.

Aunque Rowan rezó para que este sueño sucediera de nuevo, no ha sucedido. Ella se ha dado cuenta que su ángel no necesita aparecer como antes, está con ella incluso si no lo puede escuchar como lo hizo en su sueño.

Rowan siente una calma interior ahora cuando piensa en el hecho de que nadie está verdaderamente solo. Rowan experimenta una sensación de asombro al saber que Dios es más poderoso que los ángeles y que los ángeles tienen un infinito poder cósmico. Por lo tanto, Dios es todopoderoso, maravilloso y verdaderamente omnipotente.

Epílogo

Los sueños son puertas para crear tu mundo y la vida que quieres vivir. Son herramientas para experimentar tu ser interno, manifestar tus deseos y curar todas las áreas de tu vida. Soñar es divertido y aprender a decodificar tus mensajes de los sueños es fácil, todos podemos hacerlo, lo único que se necesita es un poco de práctica y un corazón abierto. Recibir la guía Divina por medio de tus sueños es un regalo que te da la Fuente/Dios.

Eres un maravilloso cocreador, eres una criatura del amor y la luz Divinos, puedes crear y ser lo que desees.

- Disfruta jugar y crear en tus sueños.

- Disfruta descubrir el significado de tus sueños.

- Disfruta el viaje mágico de los sueños.

Doreen Virtue

Doreen Virtue es una clarividente de toda la vida y metafísica de cuarta generación que tiene tres licenciaturas en psicología. Es autora de muchos libros, programas de audio y cartas sobre ángeles, desarrollo físico y temas de la mente-cuerpo-espíritu.

Doreen ha aparecido en *Oprah,* CNN y otros programas de televisión y radio, y escribe columnas regularmente para la revista *Soul & Spirit.* Sus productos están disponibles en la mayoría de los idiomas en todo el mundo, en Kindle y otras plataformas de libros electrónicos, y como aplicaciones de iTunes.

Puedes escuchar el programa de radio semanal en vivo de Doreen y llamarla para una lectura, visitando HayHouseRadio.com©.

www.angeltherapy.com

Melissa Virtue

$\mathcal{M}$elissa Virtue comenzó a estudiar los sueños y a comunicarse con los ángeles a muy temprana edad. Es Practicante de Terapia de Ángeles©, médium y Curadora de Resonancia de Luz©.

Melissa da talleres sobre interpretación de los sueños y ángeles; es creadora y maestra de SpiralDance©, una técnica de baile basada en la espiritualidad; y autora de *Dreamtime* y la serie de libros para niños *Magical Dream Journeys.*

www.sacredsolas.com

TÍTULOS DE ESTA COLECCIÓN

Impreso en los talleres de
MUJICA IMPRESOR, S.A. de C.V.
Calle camelia No. 4, Col. El Manto,
Deleg. Iztapalapa, México, D.F.
Tel: 5686-3101.